작은 사람아, 작은 사람아
두 수도자가 걸은 프란치스코 순례길

Poverello, Oh, poverello
Hwang insoo/Kim seonmyung

巡禮 순례 **2**

작은 사람아,
작은 사람아

두 수도자가 걸은 프란치스코 순례길

글 황인수 | 사진 김선명

성바오로

일러두기

- 이 책에 인용된 신약성서 구절은 특별한 경우를 제외하고는 「200주년 성서」(한국천주교회 창립 200주년 기념 신약성서, 분도출판사, 1998)를 따랐다.
- 프란치스코 성인의 첫 전기 작가인 토마스 첼라노의 작품(「아씨시 성 프란치스코의 생애」, 프란치스코회 한국 관구 역, 분도출판사, 1986)이 자주 인용된다. 저자명과 저서명을 따로 밝히지 않고 '제 1생애' '제 2생애' 등으로 표기하였다.
- 본문 55면과 93면에 나오는 성 프란치스코의 유언과 성녀 클라라의 유언은 프란치스코 사상 연구소에서 프란치스칸 원천 시리즈 1번으로 발간한 「아씨시 프란치스코와 클라라의 글」(작은 형제회 한국 관구, 프란치스코출판사, 2014)에서 인용한 것이다.
- 본문 147-151면의 '태양의 찬가'는 홍윤숙 시인의 번역(「성 프란치스코의 여행과 꿈」, 머레이 버도, 성바오로, 2010)을 따랐다.
- 142-144면에 나오는 프랑시스 잠의 시는 민음사 판 세계 시인선 35 「프랑시스 잠 詩選」(곽광수 역주, 1991)에서 인용한 것이다.
- 166, 169면의 인용문은 「주님과 똑같이」(샤를 드 푸코, 이동진 옮김, 해누리, 2005)의 573면, 85면에서 인용한 것이다.

차례

여는 말 순례의 길을 떠날 적에 _08

아시시의 거룩한 빈자를 찾아서_13

아시시와 그 주변

우리 곁에 있는 하느님 나라 -레 스투오이에 _21
프란치스코, 집을 떠나다(1) -키에사 누오바 _26
프란치스코, 집을 떠나다(2) -주교관 광장 _33
나의 집을 재건하여라 -산 다미아노 _41
돌아오기 위해 떠나다 -카르체리 은둔소 _49
너는 누구의 친구인가 -성녀 막달라 마리아경당 _55
사랑은 형제들 속에 사신다 -리보토르토 _63
두 개의 꿈 사이에서 -페루지아의 감옥 터 _73
성 프란치스코의 늑대 -굽비오 _81
성 프란치스코의 작은 나무 -성녀 클라라대성당 _90

리에티 주변

그레치오는 항상 성탄입니다 -그레치오(1) _101
내 손에 맡겨진 하느님 -그레치오(2) _109
하느님의 법, 인간의 법 -폰테 콜롬보 _117
여행자 프란치스코 -리에티 가는 길 _123
용서의 동굴 -포지오 부스토네(1) _131
시인과 나귀 -포지오 부스토네(2) _137
노래가 익어가는 길 -포레스타 _145

로마

사람의 집 -라테라노대성당 _159
작은 사람아, 작은 사람아 -트레폰타네의 작은 자매들 _165

라 베르나

사랑을 카피하다 -아레쪼 _175
잠들기 싫은 밤 -라 베르나(1) _181
나를 깨뜨리다 -라 베르나(2) _189
고별과 축복 -라 베르나를 떠나며 _197

다시 아시시

가난의 집 -포르치운쿨라 _205
프란치스코의 영광 -성 프란치스코대성당 _215

에필로그 복되어라, 가난한 사람들! _220
찾아보기 _224
성 프란치스코 연보 _229

여는 글

순례의 길을 떠날 적에...

　순례를 준비하고 있던 2011년 봄이었다. 마리오 수사님이 본국으로 영구 귀국하기로 하셨다는 소식이 들려왔다. 반평생을 한국에서 선교사로 사시던 수사님이 병을 앓으시면서 형제들에게 부담을 지우지 않으려고 이탈리아로 돌아가기로 결심한 것이다. 마침 프란치스코 성인의 발자취를 따르는 순례를 준비하고 있던 우리에게 마리오 수사님을 동반하는 임무가 주어졌다. 몸이 안 좋은 상태라 비행기 여행도 혼자서는 안심할 수 없었던 탓이었다. 마리오 수사님의 본래 이름은 프란체스코. 마리오는 수도 서원을 하면서 받은 서원명이다. 이렇게 우리의 프란치스코 순례는 프란체스코를 고향땅으로 데려가는 여정으로 시작되었다.
　마리오 프란체스코 메체네로Mario Francesco Mecenero수사가 한국에 도착한 것은 1964년. 도착한 지 얼마 안 되어 심한 병에 걸렸다. 의사는 살고 싶으면 본국으로 돌아가야 한다고 했지만 어떻게든 버텨보기로 했다. 먹는 것이 변변치 않았기 때문에 수도원 뒤편 농가를 찾아가 무작정 부실한 곳을 수리해 주었다. 집주인이 어떻게 답례를 하면 좋겠느냐고 하자 그 집에서 키우던 염소 한 마리를 가리켰다. 한국말을 할 줄 모르던 시절이었다. 그 염소를 데려와 키우며 젖을 짜 먹고 과수원에서 얻어 온 포도묘목을 심어 포도주를 담갔다. 가난한 마리오 수사가 한국에서 살아남은 비밀이다.

수사님이 한국에 처음 오셨던 때에 비하면 세상이 참 많이 변했다. 부자가 되었다고 말할 수 있겠지만 우리는 부자가 되면서 다른 소중한 것들을 잃어 버렸다. 처음에 프란치스코 순례를 떠나기로 마음먹은 것은 그것을 찾아보고 싶어서였다. 돈이 모든 것의 기준이 된 세상, 아니 물신이라는 말이 의미하듯 돈이 하느님 노릇을 하고 있는 세상에서, 아주 다른 삶을 만나보고 싶어서였다. 가난을 부인이라 여기고 자신보다 더 가난한 이를 보면 부러워하셨다는 성 프란치스코. 우리도 그분이 걸으셨던 길을 따라 걸으면서 그 삶의 비밀을 알아보고 싶어서였다.

2013년, 새 교황은 당신의 이름을 프란치스코로 정하셨다. 교황들이 당대의 세상과 교회를 위해 이름을 선택하시는 걸 생각하면 우리 시대가 프란치스코 성인에게 귀 기울여야 할 이유는 충분하다. 프란치스코는 만인의 형제셨지만 우리가 사는 모습을 돌아보면 어느 사이 그분은 중세의 두꺼운 역사책 속에 갇혀 있는 것만 같다.

이 책은 두 사람의 수도자가 2011년 7월 7일부터 23일까지 이 주일 간 이탈리아 중부 성 프란치스코의 길을 순례한 이야기를 적은 것이다. 둘 다 프란치스코의 영성을 깊이 아는 것도 아니고 작은형제회의 역사를 공부한 것도 아니어서 이 글은 프란치스코 성인을 사랑하는 평범한 수도자들의 순례기 이상의 것이 되지 못한다. 성인에 대해 더 알고 싶은 분들은, 본문에서 자주 인용되기도 하지만 토마스 첼라노의 전기나 성 보나벤뚜라의 '대전기', 또는 '잔꽃송이'와 같은 책들을 읽으셔도 좋겠다. 그밖에도 프란치스코에 대한 좋은 책들이 많이 나와 있다. 책의 순서는 순례 여정을 따랐기 때문에 성인의 생애 전체를 일별하고 싶은 분들은 책의 맨 뒤에 있는 성인의 연보를 참조하시기 바란다. 이 연보는 역사가인 테오필 데보네Théophile Desbonnets, OFM의 견해에 따른 것이다. 본문에 나오는 설명이 필요한 단어들은 주석을 다는 것을 피하기 위해 본문 뒤 '찾아보기'란에 모아 설명하였다.

원고를 미리 읽고 좋은 의견을 주신 홍 현정 사비나, FMM 수녀님께 감사드린다. 짬짬이 수녀원 사제관에 머물면서 원고를 정리할 수 있도록 허락해 주신 여주 바오로딸 수녀님들께도 감사드린다. 누구보다 삶을 나누며 함께 살아가는 수도공동체의 형제들에게 감사하고 싶다. 삶의 기쁨과 어려움을 함께 나누며 살아온 길이 결국은 하느님 찾아가는 길로 잇닿아 있고 그 길에서 성인을 찾는 이 여정도 가능했음을 믿기 때문이다. 독자 여러분이 이 책을 통해 조금이라도 더 성인을 사랑하게 된다면 더 바랄 것이 없겠다.

"순례의 길을 떠날 적에 주님께 힘을 얻는 자 복되오니 메마른 골짜기를 지나면서도 샘물이 솟게 하리이다."(시편 84,6-7)

아시시의 거룩한 빈자를 찾아서

사람의 생은 누군가를 찾아 누군가를 떠나는 이야기라고 한다. 출가한 딸이든 마음속에 담은 성인이든 그 누군가를 찾아 우리는 부모를, 집을, 익숙한 것을 떠난다. 그리고 사람은 누구나 찾는 것을 만나게 된다. 단 진정으로 그것을 찾는 한에서만.

가까스로 열차를 탔다. 전에 자주 왔던 터라 이곳을 잘 안다고 여겼던 게 화근이었다. 타는 곳이 오른쪽이라고 생각하고 기다리고 있었는데 출발 시간이 다 되었어도 플랫폼에 기차가 안 들어오는 것이다. 이상해서 물었더니 반대쪽이라는 게 아닌가. 아뿔싸! 출발이 임박했으므로 배낭을 지는 둥 마는 둥 마구 뛰었다. 우리 같은 사람들이 또 있는 듯 앞서거니 뒤서거니 뛰어가는 패들이 여럿이다. 배낭에 매단 운동화 한 켤레가 엉덩이를 치고 스테인레스 물컵 뚜껑 등 쪽에서 달그락 달그락 요란하다. 겨우 차에 오른 뒤 제 자리를 찾아 한숨을 돌리고 서로를 바라보니 얼굴이 온통 땀범벅이다. 무릎이 안 좋은 나무 수사에게 미안하다. 사진을 찍기로 한 나무 수사는 자기 짐에 더해서 사진 가방까지 지고 있는데 그 무게도 만만치 않을 것이다. 순례 시작부터 이렇게 헐레벌떡이라니. 더는 이런 일이 없어야 할 텐데...

매사에 꼼꼼하지 못 하고 뭐든 제 편한 대로 될 거라 믿어버리는 헐렁한 내 모습을 다시 본다. 혼자라면 뒤탈을 혼자 감당하는 것으로 그치지만 이렇게 함께하는 여행에서는 그 후과를 함께 나누게 되는 것이다. 별호를 '나무'라고 하는 스테파노 수사는 시작부터 이런 법석인데도 아무 불평이 없다. 성품이 착하고 예술적 감성이 풍부해서 그림을 그리고 사진을 찍는 형제다. "착한 형제와 여행할 때 그와 한 마음이 될 수 없다면 이는 틀림없이 성질이 괴팍하다는 표시이며 영적인 감성이 부족하다는 명백한 증거다." 성 프란치스코의 첫 번째 전기를 쓴 토마스 첼라노의 말이다. 나무 수사와 함께하는 순례길에서 어쩌면 내 본 모습이 드러나게 되겠지. 영적인 감성이 부족한 것은 어쩔 수 없겠지만 최소한 괴팍한 사람은 아니었으면 좋겠다. 앞으로는 좀 꼼꼼하게 따져보면서 계획을 세우고 움직여야지.

여기는 로마의 테르미니Termini 역. 우리는 아시시Assisi의 가난한 성자 프란치스코를 찾아가는 길이다. '가난한 성자'라고 했지만 프란치스코에게는 오히려 '거룩한 빈자'라는 이름이 더 어울린다. 포목상을 하는 부잣집 둘째 아들로 태어나 '파티의 왕'이라 불리던 프란치스코. 그 프란치스코가 어느 날 하느님의 목소리를 듣자 돈도 세상도 다 버리고 가난한 사람으로 사는 길을 택한다. 사람의 가난이 하느님의 거룩함을 모시는 집이라는 걸 깨달았기 때문이다. 태양을 형님으로 달은 누님으로 나중에는 죽음까지 자매라 불렀던 그는 가난을 '부인'이라 불렀다. 가난 부인과 평생을 함께하며 거룩한 하느님의 집이 된 프란치스코를 '거룩한 빈자'라고 부르는 것은 그러므로 당연한 일이기도 하다. 거룩한 빈자. 이탈리아말로는 '산토 포베렐로'Santo poverello가 된다. 어감을 살려 우리말로 옮기면 '거룩한 가난뱅이' 정도가 될까.

좌석 맞은편에 앉은 다니엘라라는 아주머니가 우리더러 어디 가는 길이냐고 묻는다. 이탈리아에 오긴 왔나보다. 이탈리아 사람들은 사람들에게 관심이 많고 정도 많다. KTX를 타면 두세 시간 함께 가는 옆자리 사람과도 얘기 나누는 일이 없는 게 우리네 모습인데… 예? 우리나라 사람들도 정 많고 사람들에게 관심 많지 않느냐구요? 그렇지요. 그런데 요즘은 많이 변해버린 것 같습니다. 다들 이어폰을 꽂고 있거나 스마트폰을 들여다보고 있거든요. 어쩌면 이탈리아 사람들의 모습은 아직 이 사회의 바탕에 타인에 대한 신뢰가 깔려 있다는 걸 보여주는 것 같습니다.

로마에 사는 이 아주머니는 출가해서 아시시 부근에 사는 딸을 찾아가는 길이란다. "우리는 아시시로 가는 순례자입니다." 대답하면서 목에 걸고 있는 타우 십자가를 가리켜보였다. 타우는 영어 알파벳의 티자와 같은 모양인데 성인이 서명할 때 이름 대신 쓰기도 해서 이 십자가는 프란치스코의 상징처럼 쓰이기도 한다. 사람의 생은 누군가를 찾아 누군가를 떠나는 이야기라고 한다. 출가한 딸이든 마음속에 담은 성인이든 그 누군가를 찾아 우리는 부모를, 집을, 익숙한 것을 떠난다. 그리고 사람은 누구나 찾는 것을 만나게 된다. 단 진정으로 그것을 찾을 때만.

어쨌든 열차는 놓치지 않았고 좋은 도반이 곁에 있고 무엇보다도 우리에게는 목적지가 있다. 이 여정의 끝에서 누가 우리를 기다리고 있을까. 햇볕을 가리려고 내려놓은 커튼 사이로 스쳐가는 차창 밖 움브리아Umbria 풍경에 프란치스코가 즐겨 하던 인사말로 인사를 건넨다.

"평화와 선Pax et bonum!"

잡으려는 아버지와 떠나려는 아들, 아버지에게는 아버지의 계획이 있고 아들에게는 아들의 꿈이 있다. 아버지의 세월은 지나갔으나 그에게는 힘이 있고 아들에게는 꿈밖에 없으나 떠나지 않으면 그는 어린아이로 남을 뿐이다.

아시시와 그 주변

▲ 돗자리총회를 묘사한 그림. 돗자리를 메고 가는 형제와 돗자리로 지은 숙소가 보인다.

우리 곁에 있는
하느님 나라

-레 스투오이에

순례자 숙소에 짐을 풀었다. '레 스투오이에'le Stuoie라는 특이한 이름의 숙소다. '스투오이에'는 '돗자리'라는 뜻인데 초창기 프란치스코회의 역사와 관련이 있는 말이란다. 1217년 5월에 오천 명 이상의 형제들이 모여 총회를 열었을 때 벌판에 나뭇가지와 돗자리를 엮어 지은 숙소에서 지냈기 때문에 그 총회를 '돗자리 총회'라고 부른다고. 오월이면 밤에는 아직 쌀쌀한 때다. 숙소 사정이 그 정도였으면 음식 사정은 두말할 필요도 없었겠지. 그러나 그때 페루지아Perugia, 아시시, 스폴레토Spoleto 등 근방 사람들이 당나귀와 수레에다 빵과 포도주, 치즈 등의 음식과 식탁보, 컵 등을 싣고 몰려왔다고 한다. 마치 복음서의 빵을 많게 한 기적 이야기를 보는 것 같다. "빵을 나눌 때 우리는 하느님을 알아보고 빵을 나눌 때 우리는 형제, 자매를 알아본다"고 했던 이는 도로시 데이Dorothy Day였다.

하느님 나라는 의외로 가까운 곳에 있는 게 아닐까. 우리는 웅장한 성당을 짓고 근사한 영성 강의를 들으려 여기저기 찾아다니지만 혹시 하느님 나라는 우리가 생각지도 못한 데 있는지도 모른다. 그곳을 찾는 데는 어쩌면 나누어 덮을 담요 한 장, 이웃과 나눌 음식 조금이면 충분할지도 모른다.

'돗자리 총회' 숙소는 아시시 역에서 가까운 '천사들의 성모 마리아 성당' 옆에 있다. 이곳은 평야 지역이어서 수바시오 Subasio 산의 사면에 자리하고 있는 아시시까지 가려면 버스를 타야 한다. 기왕 순례 온 것, 걸어서 가 보기로 했다. 천사들의 성모 마리아 성당에서부터 거리에 깔린 붉은 벽돌을 밟으며 아시시 시내로 올라간다. 1997년 지진으로 성 프란치스코대성당이 무너지고 유명한 지오토 Giotto 의 벽화가 손상되었을 때 이탈리아 전역에서 복구 성금을 모았는데 그때 성금을 낸 사람들의 이름과 출신 지역을 붉은 벽돌에 새겨 이렇게 깔아 놓았다고 한다. 재미삼아 벽돌 하나하나를 눈여겨보며 걷는다. 로마의 로베르토, 페스카라의 키아라, 앙코나의 괄티에로… 멀리 시칠리아 사람, 나폴리 사람, 베네토 사람, 온갖 지역 사람들이 다 있다. 프란치스코 성인을 사랑하는 마음은 이렇게 이탈리아 사람들에게 공통되는구나.

사랑은 눈에 보이지 않는다. 그것을 증명할 방법이 따로 있는 것도 아니다. 사랑은 다만 살아 있는 사람의 마음속에 숨는 것. 사람이 사랑할 때 우리는 사랑을 볼 수 있다. 그리고 누가 자신의 삶을 온전히 사랑으로 불태우면 우리는 그를 성인이라고 부른다. 그렇게 프란

▲
1997년 지진으로 성프란치스코대성당이 무너지고 유명한 지오토Giotto의 벽화가 손상되었을 때 이탈리아 전역에서 복구 성금을 모았는데 그때 성금을 낸 사람들의 이름과 출신 지역을 붉은 벽돌에 새겨 이렇게 깔아 놓았다고 한다.

치스코 성인도 우리 마음속에 살아 있다. 팔백여 년 전에 불과 마흔 남짓 짧은 생애를 살다 간 성인이 지금 우리 마음속에 살아 있는 것은 그분이 사랑한 것과 지금 우리가 사랑하는 것이 같다는 뜻이다. 오래 전에 노트에 베껴 놓은 글귀를 떠올린다.

"얕은 연못의 물이라도 바다를 본받을 수 있는 것은, 연못도 바다도 그 본성은 같기 때문이다."

프란치스코, 집을 떠나다(1)

-키에사 누오바

키에사 누오바Chiesa Nuova에 도착했다. 이 건물은 1615년 프란치스코의 생가 위에 세워진 교회로 키에사 누오바는 '새 성당'이라는 뜻이다. 성당 앞 광장 한 켠에 청동으로 된 두 사람의 입상이 있는데 남자는 옷 같은 것을 들고 있고 여자는 쇠사슬을 들고 있다. 프란치스코의 부모, 피에트로 베르나르도네Pietro Bernardone와 피카Pica부인의 상이다. 기사가 되어 명예와 부를 얻고 싶어 하던 아들 프란치스코가 주님의 부르심을 듣고 회심하게 되자 아버지는 격분한다. 아버지의 가게에 있는 귀한 옷감들을 내다 팔아 허물어진 성당을 수리하라고 내어주는 등 이해할 수 없는 짓을 하고 있었기 때문이다. 아버지는 프란치스코를 끌고 가 매질하고 집안 감옥에 가두지만 어머니는 아들 편이었다. 피카 부인은 남편 몰래 아들을 풀어주고 결국 프란치스코와 아버지 피에트로는 주교 앞에 가서 재판을 하게 된다. 프란치스코가 앞으로는 하늘에 계신 분만을 아버지라 부르겠다고 선언하며 입고 있던 옷을 벗어버리자 피에트로는 흩어진 돈과 옷가

▲
키에사 누오바. 프란치스코의 생가 터에 세워진 성당이다.

지를 주워들고 집으로 돌아간다. 여기 서 있는 청동상은 이때 프란치스코의 부모를 형상화한 것으로 청동상 옆의 명판에는 이런 말이 새겨져 있다.

"인류에게 아들 성 프란치스코를 낳아 준 피에트로 베르나르도네와 피카 부인에게 영원한 감사를 드리는 생생한 표지로 이 기념상을 세운다."

잡으려는 아버지와 떠나려는 아들, 아버지에게는 아버지의 계획이 있고 아들에게는 아들의 꿈이 있다. 아버지에게는 힘이 있으나 그의 세월은 지나갔고 아들에게는 꿈밖에 없으나 떠나지 않으면 그는 어린아이로 남을 뿐이다. 이렇게 프란치스코의 부모는 아들을 하느님께 바쳤고 인류에게도 아들을 바친 셈이 되었다. 자식을 제 소유물로 여기고 제 뜻대로 하지 않으면 직성이 안 풀리는 사람들은 결국 자식도 불행하게 만들고 스스로도 행복하지 못 하게 되는 법이다. 집안 감옥에 갇혀 있던 프란치스코의 쇠사슬을 풀어준 피카 부인의 모습을 바라보고 있으려니 내가 수도원에 가도록 허락해 주신 어머니께 새삼 감사한 마음이 든다. 어머니도 아픈 마음으로 인정의 쇠사슬을 풀어내셔야 했겠지요. 감사합니다, 어머니.

키에사 누오바 성당 안에는 프란치스코가 갇혀 있던 집안의 감옥이 보존되어 있다. 제대 왼쪽, 결이 고운 예수 성심상 앞에 기도 촛불들이 밝혀져 있어 거기 잠시 기도하며 머무른다. 그 옆으로 난 문을 통과하면 프란치스코의 생가 유적을 볼 수 있다. 그는 회심하기까지 24년을 여기서 살았다. 성당을 나와 계단을 내려가면 옷감을 파는 상인이었다는 아버지 피에트로의 작업장으로 여겨지는 장소와 당시 길의 흔적이 나타난다. 아마 프란치스코도 이 길을 자주 지나다녔으리라. 벽으로 난 '사자의 문'porta del morto 옆에 걸린 테라코타는 어머니 피카 부인의 도움으로 집을 빠져 나가는 프란치스코의 모습을 담고 있다.

아시시의 오래된 건물들에는 '사자死者의 문'이라는 것이 있는데 이 지역에서는 사람이 죽으면 시체를 그 문을 통해 내어갔기 때문에 그런 이름이 붙었다고 한다. '사자의 문'에 대해서는 다른 설도 있다. 이 문은 도시가 분열되어 서로 대립할 때 안전을 도모할 목적으로 사용되었다는 설명이다. 그 시대에는 건물 1층에 사람들이 거주하는 곳과는 독립되어 작업장이나 외양간으로 통하는 문이 있었고 사람들이 사는 건물에는 땅으로부터 1미터쯤 높이에 작은 문이 하나 있었는데 이것이 이른바 '사자의 문'이다. 낮에는 이 문에 나무 사다리를 놓고 집에 사는 사람들만 출입하는 문으로 썼다. 밤이 되면 이 사다리를 치워서 다른 사람들이 들어올 수 없게 했다는 것이다.

프란치스코가 집을 나온 문을 '죽은 이의 문'이라고 부른다는 것

▲
성인의 생가 터에 보존되어 있는 문. 프란치스코는 이 문을 빠져나와 집을 떠났다.

에 생각이 오래 머무른다. 그는 이 문을 열고 죽은 이들의 세계를 떠났던 것은 아닐까. 그가 살던 시대는 시민 계급과 귀족 계급이 쟁투를 벌이는 시대였고 유럽의 십자군이 이슬람을 치러 몰려가던 시대였다. 싸움은 언제나 그럴듯한 명분으로 시작되지만 그 맨얼굴은 네가 가진 것을 빼앗아 내가 가지겠다는 욕심일 따름이다. 평화가 없는 싸움의 세상, 죽음이 두려워 밤이면 집의 출입구조차 봉쇄해버리던 그런 세상을 프란치스코는 빠져나왔던 것일지도 모른다. 내가 사는 세상도 크게 다르지 않다. 일하던 가장이 다쳐 생계가 막막해지자 일가족이 모두 생의 끈을 놓아버리는 세상에서 나는 살고 있다. 꽃 같은 어린 생명들 수백이 세상을 떠나도 진상 규명은커녕 경제가 나빠지니 그만 침묵하라며 사람들을 윽박지르는 세상에서 나는 산다. 이것은 정말 사는 것일까, 혹 우리는 다 죽어 있는 것은 아닐까. 키에사 누오바에서 프란치스코의 집으로 통하는 문 앞에 서자 퍼뜩 그런 생각이 든다.

"잠자는 사람아, 일어나라/ 죽은 이들 가운데서 깨어나라/그리스도, 그대 위에 빛나시리라."(에페 5,14)

순례자 숙소에서 저녁을 먹으면서 한 식탁에 앉은 분들과 친해졌다. 이탈리아 북쪽에서 온 지노Gino와 마리아안토니에타 MariaAntonietta 부부. 포도주를 좋아하고 문학을 사랑하는 분들이었다. 우리 또래의 아들들이 있다시면서 따뜻하게 대해 주신다. 한국의 우리 수도원에 사시는 이탈리아 선교사 수사님이 포도를 재배해서 해마다 포도주 담근다는 이야기를 해드렸더니 반가우신가보다. 당신들도 포도 농사를 지으신다면서 포도주 도수 맞추는 법을 열심히 설명해 주셨다. 기념으로 무어라도 주고 싶다고 궁리하시더니 코르크 마개 따는 기구를 하나 선물해 주신다. 정이 많고 따뜻한 모습이 꼭 우리네 부모님 같으시다. 어머니, 아버지를 떠나 우리도 참 멀리 와 있구나. 감사합니다, 어머니, 아버지.

프란치스코, 집을 떠나다(2)

-주교관 광장

키에사 누오바 광장에서 아랫길을 따라 내려오면 '산타마리아 마죠레'Santa Maria Maggiore성당이 나온다. 우리말로 하면 '성모 마리아 대성당' 정도로 옮길 수 있는 이름이다. 과거에 아시시의 주교좌였던 이 성당 옆에는 프란치스코 성인의 생애에서 꼭 기억해야 할 장소인 주교관이 있다. 아버지 피에트로 베르나르도네와 아들 프란치스코 사이에 재판이 있었던 곳. 부자지간에 이런 재판을 벌인다는 것은 예나 지금이나 상상하기 어려운 일, 이런 소송을 건 아버지도 대단하지만 아들 프란치스코의 대응도 상상을 뛰어넘는 것이었다. 재판관인 구이도Guido주교와 주위에 둘러선 사람들 앞에서 "이제부터 나는 피에트로 베르나르도네를 아버지라 부르지 않고 하늘에 계신 아버지만을 아버지라 부를 것입니다" 선언한다. 부자지간의 연을 끊겠다는 얘기다. 그리고선 돈을 돌려주는 것도 모자라 입고 있던 옷가지마저 다 벗어버리는 아들이라니! 어렸을 때부터 키워온 아들이니 아버지는 아들의 성격을 잘 알았으리라. 온 아시시가 떠들썩

▲ 아버지 앞에서 옷을 벗고 알몸이 되는 프란치스코. 뒤편에 십자가에 매달린 예수 그리스도의 성화가 보인다.

하게 재판을 건 것은 아마도 미리 강경하게 나가서 아들을 주저앉힐 심산에서였는지도 모른다. 그러나 아들은 단호하게 아버지를 떠난다. 아버지에게서 받은 돈도 옷도 다 돌려주고 완전한 가난을 선택한 것이다.

성인의 생애에서 이 대목에 이르면 '적빈'赤貧이라는 말이 떠오른다. '매우 가난하다'는 뜻인 이 말은 한자를 그대로 풀면 '붉은 가난'이라는 뜻이다. 아마 가진 것이 아무 것도 없는 발가숭이 몸뚱아리뿐이라는 말일 테니 옷을 다 벗어버리고 선 프란치스코에게 이보다 더 어울리는 말을 찾기도 어렵지 않을까. 이후 성인의 생애는 평생 더욱 가난해지는 길을 따라 걷는 여정이었다.

가난을 사는 첫째 방법은 밖으로 뻗치는 욕망을 끊는 것이다. 없는 것을 거머쥐고 싶은 욕망을 끊어버리는 일이다. 그러나 그것이 끊어지고 나면 그 다음에는 이미 갖고 있는 것, 지키고 싶은 것을 버리는 일이 뒤따른다. 앞의 것이 밖으로 향하는 욕심을 버리는 일이라면 뒤의 것은 내 안에 숨은 욕심을 비우는 일이다. 사실 우리네 행동의 동기를 보면 십중팔구 나에게 없는 것을 얻으려는 욕심이나 내게 있는 것을 놓치지 않으려는 두려움이다. 그 욕심과 두려움은 시기와 질투를 부르고 격해지면 폭력으로 변하기도 한다. 성인이 공동체 생활을 시작할 무렵 아시시의 구이도 주교가 "이 세상에서 아무 것도 소유하지 않고 있으니 여러분의 생활은 너무 어렵고 힘든 것 같다"고 하자 프란치스코는 이렇게 대답한다.

"주교님, 우리가 재물을 소유하면 그것을 지키기 위해 무기도 마련해야 할 것입니다. 다툼과 문제가 생기는 것은 부 때문입니다. 바로 그것 때문에 형제를 사랑하는 것도, 하느님을 사랑하는 것도 방해를 받습니다. 그래서 저희는 이 세상에서 아무런 물질적인 부도 원치 않습니다."

그러나 내게서 넘실대는 욕망은 쉽게 알아차릴 수 있다 해도 내 안에 숨은 두려움은 알아차리기 어려운 법이다. 걸려 넘어진 뒤에야 그것이 내 안에 있었음을 알게 되기 때문이다. 프란치스코가 남긴 많은 일화들 가운데 형제들의 속마음을 꿰뚫어 보았다든가 병든 사람들을 낫게 한 기적 이야기들보다도 더 감동적인 것은 자신에게 한없이 진실해지려 노력하는 그의 모습이다. 어느 겨울 프란치스코는 눈을 굴려 눈사람 일곱 개를 만든다. 그러고서는 자기에게 말한다. "이보게, 프란치스코! 이 뚱뚱한 눈사람은 자네 아내네. 그리고 눈사람 네 개는 두 아들과 두 딸이야. 남은 두 개는 하인과 하녀지. 프란치스코, 어서 모두에게 옷을 입혀줘! 추위에 떠는 것이 안 보이는가? 그들을 돌보는 게 힘들다면 하느님 섬기는 일에만 마음을 쓰게." 눈 쌓인 벌판에서 혼자 소리를 지르는 성인, 그 마음속에 무엇이 있었을까. 따뜻한 가정이 그리웠을까? 육적인 사랑이 아쉬웠던

▲
프란치스코 동상이 주교관 광장에 서 있다. 이곳에서 아버지 피에트로와 아들 프란치스코 사이에 재판이 있었다.

걸까? 분명한 것은 성인이 자신을 있는 그대로 바라보고 끝없이 비 워가는 가난의 여정을 걸어갔다는 것이다. 주교관 마당, 두 손을 포개어 가슴에 얹고 고개를 숙인 성인의 동상 너머 푸른 하늘에 그가 사랑했던 제비 자매들이 자유로이 하늘을 날고 있다.

배가 출출해서 바bar에 들어갔다. 토마토 한 조각과 닭고기, 치즈를 넣은 샌드위치를 하나씩 샀다. 곁들여 맥주를 한 잔. 한 사람당 3유로짜리 소박한 순례자의 점심 식사다. 우리 돈으로 환산하면 4,500원쯤 되니 그렇게 가난한 점심은 아닌 셈이다. 중학생 시절부터 시작한 자취 경력이 물경 십 년을 넘는 나는 맛보다는 끼니를 때우는 식으로 먹는 편이다. 자취하던 시절의 내 표어는 "있을 때 먹자, 언제 또 있을지 모른다"였다. 그래서 그러는 건지는 모르지만 나는 먹는 데 지출하는 것을 꺼리는 편이다. 그렇지만 이건 자취생 출신인 내 취향일 뿐 나무 수사는 어떤지 모르겠다.

프란치스코는 음식에 있어서는 스스로에게 엄격하였다고 한다. 불로 익힌 음식을 먹는 일이 드물었고 먹는다 하더라도 재를 뿌리거나 찬물을 부어 먹었다. 그러나 아픈 형제 하나가 포도를 무척 먹고 싶어 하자 그를 포도밭에 데려가 먼저 포도를 따먹기 시작했다고 한다. 그가 편히 먹도록 하기 위해서였다. 프란치스코에게 가난은 더 자유롭게 사랑하기 위한 방편이었다.

▲
순례자들의 점심.

▲
산 다미아노의 성당과 십자가.

나의 집을
재건하여라

산 다미아노

아시시 시내의 동남쪽 끝에 있는 문 '포르타 누오바'Porta nuova를 지나 산 다미아노San Damiano를 찾아간다. 오래된 올리브나무들이 햇살 아래 서 있는 곳. 그 정경이 이제부터 평화의 사도에게 당신을 안내하겠습니다, 하고 말하는 듯하다. 창세기에는 홍수로 하느님이 사람들을 벌하셨던 때 세상이 온통 물속에 잠겨 생명의 기미가 없던 시간, 노아가 날려 보낸 비둘기가 올리브 가지를 물고 왔었다고 기록되어 있다. 불화는 하느님과 인간, 인간과 인간 사이에 있었으나 그때 하느님은 무지개로 당신과 인간들 사이의 평화를 보증해 주셨다.

산 다미아노는 프란치스코 성인의 생애에서 결정적인 사건이 일어났던 곳이다. '세 동료의 전기'는 그 사건을 이렇게 기록하고 있다.

산 다미아노 성당을 지날 때 그곳에 들어가라는 소리가 마음속에 들려왔다. 안으로 들어가 십자가 앞에서 열렬히 기도할 때 십자가가 그에게 말했다. "프란치스코야, 보아라. 내 집이 허물어져 가고 있지 않으냐? 가서 나의 집을 재건하여라." 그는 몹시 놀라 벌벌 떨며 말했다. "기꺼이 하겠습니다, 주님." 그러나 그는 잘못 알아들었다. 오래되어 곧 허물어질 것 같은 그 성당을 보수하라는 줄로 알았던 것이다. 그리스도의 말씀에 그는 기쁨에 넘쳤다…

1205년 여름의 일이었다. 성 프란치스코의 회심에는 두 가지 만남이 결정적인 역할을 한다. 첫째는 나환자와 만난 일이고 둘째는 다미아노 성당에서 십자가에 못 박힌 그리스도와 만난 일이다. 고통받는 인간이 프란치스코를 불렀고 고통 받는 하느님이 프란치스코를 불렀던 것이다. 모두가 세상의 집을 높이 세우려 몰려갈 때 하느님의 집은 무너지고 그 집에 깃들어 사는 인간은 고통 받는다. 창세기에는 바벨탑을 세우려는 인간들의 모습이 그려지고 있지만 그 바벨탑이 단지 창세기만의 이야기는 아니리라. 인간의 역사에서 우리가 보는 거대한 구조물들, 가령 피라미드라든가 만리장성이라든가 맨해튼의 스카이라인 같은 것들이 사실 다 그런 바벨탑이 아니겠는가. 백 년 이백 년이 지난 뒤 서울 강남의 저 높은 빌딩들은 다 어떤 모습일까 생각해본다.

다미아노 성당에서 소명을 받은 다음에 성인은, 들은 그대로 허물어져 가는 성당들을 수리하기 위해 나선다. 다미아노 성당도 그중

▲ 산 다미아노 성당의 창턱. 성당 사제가 돈 받기를 거절하자 프란치스코는 이 창턱에 돈을 던져버렸다.

하나였는데, 아버지의 재산을 팔아 돈을 마련하여 산 다미아노 성당의 사제에게 주었으나 사제가 거부하자 그 돈을 성당의 창턱에 던져버렸다고 한다. 그때 성인이 돈을 버린 창턱을 지금도 산 다미아노에서 볼 수 있다.

일전에 존경하던 신부님을 찾아뵈었다. 교회가 왠지 하느님으로부터 멀어져가는 느낌을 주는 것은 무슨 까닭일까요, 여쭈었더니 "건물이 너무 커져서 그런 게 아닐까?" 하는 답이 돌아왔다. 그럴지도 모른다. 집이 커지면 집을 관리해야 한다. 사람이 필요하고 돈이 필요하다. 세속 권력의 도움도 필요할 것이다. 그러다보면 정작 그 집에 사시는 분은 잊어버린다. 급기야는 그분을 잃어버린다. 13세기, 온 세상이 이렇게 하느님을 잃어버렸을 때 프란치스코는 "가서 나의 집을 다시 세워라"라는 주님의 명을 듣는다.

"나는 기꺼이 나의 약점들을 자랑하렵니다…나는 약할 때 오히려 강하기 때문입니다."(2코린 12,9.10) 바오로 사도의 말처럼 하느님은 나의 약함, 가난을 당신 집으로 삼으신다. 우리의 약함, 우리의 가난 속에 머무신다. 프란치스코가 교회를 재건해가는 과정은 철저하게 가난해지는 과정이었다. 아버지를 떠날 때 사람들 앞에서 옷을 모두 벗어버렸던 것처럼. 이후에도 그는 여러 차례 알몸이 되는데 겨울에 산길을 가다가 아기에게 젖을 먹이는 여인을 보고 인간적인 정을 느끼자 옷을 다 벗어버리고 눈밭을 뒹굴기도 하고, 금식 기간에 병 때문에 고깃국을 먹었다는 걸 고백하려고 제자에게 알몸이 된 자신의 목에 줄을 매어 주교좌성당(현재의 루피노성당) 광장으로 끌고 나가라고 명하기도 한다. 철저하게 가난을 삶으로써 그는 부에 물들어 가던 중세의 교회를 새롭게 하고 무너져 가던 하느님의 집을 일으켜 세웠다.

알몸으로 뒹구는 프란치스코의 모습을 생각하면 오금이 저려오는 느낌. 그래도 그 모든 일이 산 다미아노 성당의 저 야트막한 지붕 아래에서부터 시작되었다는 걸 생각하면 왠지 안심이 된다. 모든 것을 하느님께서 바라보고 계시다는 느낌이랄까. 저녁 여섯 시, 다미아노 성당의 광장 한 편에 앉아 성무일도서를 펴든다. 이국땅에서 바치는 찬미가 곡조가 따뜻하다.

눈부신 광명으로 낮을 만드사
만물을 비추시는 하느님이여
이제는 하루해가 저물었으니
주님의 영광 앞에 비옵나이다.
········
아득히 높으옵신 우리 하느님
애절한 우리 기도 들어주시고
진종일 노동으로 시달린 우리

어둠에 짓눌리지 말게 하소서.

('제2주간 목요일 저녁기도 찬미가' 중에서)

산 다미아노 성당 아래쪽으로 양떼가 지나간다. 목자 뒤를 따르는 양들 목의 방울 소리가 땡그랑 땡그랑 들려온다.

▲
산 다미아노 수도원.

▲
아시시의 실루엣. 뾰족하게 튀어나와 있는 것이 성 프란치스코대성당의 종탑이다.

돌아오기 위해
떠나다

-카르체리 은둔소

새벽 네 시 반에 숙소를 나섰다. 수바시오 산 중턱에 있는 은둔소에 가려는 참이다. 이 은둔소의 이름은 '카르체리'carceri, 감옥이라는 뜻이다. 다미아노 성당에서 십자가상의 예수님을 만나기 전 프란치스코 성인은 홀로 산 중턱의 동굴에 가서 기도하곤 했다. 지금도 성인과 초기 동료들이 기도하던, 바위틈에 움푹 파인 장소들이 남아 있는데 그 모양이 마치 수인들이 갇히는 감옥과 닮았다 해서 '감옥'이라는 이름이 붙었다고.

아시시는 도시 자체가 수바시오 산자락에 자리 잡고 있지만 이 카르체리 은둔소는 아시시에서도 산길로 5킬로미터를 더 가는 중턱에 자리 잡고 있어서 평원에 있는 천사들의 성 마리아 성당 곁 숙소에 머물고 있는 우리는 일찌감치 출발해야 했다. 새벽 네 시에 일어나 주섬주섬 짐을 챙기고 숙소를 나서려는데 아차, 숙소의 큰 철 대문이 잠겨 있는 게 아닌가. 이 문이 잠겨 있으리라고는 생각도 못했다. 어쩐다? 숙소의 담도 대문 못지않게 높다. 그렇다고 새벽 네 시

반에 사람들을 깨울 수도 없는 노릇. 할 수 없이 대문을 타고 넘어가기로 했다. 우리는 프란치스코 성인의 감옥을 찾아가려 마음먹었지만 사실 갇혀 있는 사람은 우리였구나. 부에 매인 마음, 관계에 의지하고 세상이 가리키는 방향에 집착하는 것 자체가 어쩌면 우리가 의식하지도 못하는 쇠창살일지도 모른다. 프란치스코는 실제로 아버지 손에 의해 집안의 감옥에 갇혀 있어야 했는데 결국 주교의 재판정에서 하느님을 참 아버지로 섬긴다는 선언을 한 뒤에야 아버지의 손아귀에서 자유로워질 수 있었다. 성 프란치스코의 삶에 매료된 귀족 집안의 딸 클라라가 부모의 반대를 무릅쓰고 하느님을 찾아 나선 것도 1212년 성지주일 밤이었다. 2미터가 넘는 대문을 나무 수사와 서로 받쳐주고 끌어주며 넘어가는데 십자가의 성 요한이 떠오른다.

어느 어두운 밤,
타오르는 사랑에 초조해져서
오, 복된 운명이여!
들키지 않고 나왔네...
(어둔 밤, '첫째 노래' 중에서)

하나의 감옥에서 나와 다른 감옥을 찾아간다. 지금까지 갇혀 있던 감옥에서 나온다고 바로 자유를 얻는 것은 아니다. 우리에게 완전한 자유가 가능한지는 모르지만 우리가 아는 것은 그 자유를 꿈꾸게 하는 것이 타오르는 사랑이며 그 사랑을 거역하지 못하고 떠나는 것을 복된 운명이라 여기는 이들이 있다는 사실이다.

아직 어두운 길을 걷는다. 왼편으로 수바시오 산의 동쪽 비탈에 자리 잡은 성 프란치스코대성당의 실루엣이 떠오른다. 어렴풋이 삶의 길을 찾아가던 시절, 하느님의 뜻이 무엇인지 찾던 프란치스코가 수바시오 산의 동굴을 찾아가던 심정을 헤아려본다. 지금까지 걸어온 대로가 아니라 새로운 길을 걷고 싶지만 아직 그것은 분명하지 않다. 그것을 어디서 찾을 수 있을까. 삶의 모든 시간은 우리가 모르는 씨앗을 품고 있다. 우리가 살아온 시간, 살아가는 시간, 살아갈 시간 모두가. 그 시간이 품은 씨앗을 대면하는 시간, 그 씨앗을 싹 틔우고 자라게 하는 시간이 스스로 찾아가는 감옥 안의 시간이리라. 그곳에서 홀로 하느님과 함께 그분이 내게 주신 시간의 의미를 묻는 것, 그 시간만큼 외로운 시간도 없을 것이나 그 시간만큼 감미롭고 행복한 시간도 달리 없을 것이다.

쉬엄쉬엄 걸어 은둔소에 도착한 시각은 일곱 시 오십 분. 수도원의 성당에서는 이미 미사가 시작되었으므로 우리는 은둔소 옆 산길에 있는 돌 제대에서 미사를 드렸다. 은둔소로 들어가는 건물 위쪽에는 "하느님이 계신 곳, 그곳에 평화가 있다"Ubi Deus, ibi pax라는 말이 새겨져 있다. 이곳 카르체리 은둔소는 성 프란치스코의 삶을 방

향 짓는 데 중요한 역할을 한 곳이기도 하다. 초창기에 뜻을 같이하는 형제들이 모였을 때 성인은 고심하였다. 기도에만 열중해야 할지 세상에 나가 설교도 해야 할지 몰랐던 것이다. 그래서 클라라와 그의 자매들에게 하느님의 뜻이 어디 있는지 물으면서 이곳 카르체리 은둔소에 있던 실베스테르 Silvester 형제에게도 같은 것을 물었다. 이 청을 듣자마자 실베스테르는 엎드려 기도드린 후 하느님의 응답을 전해준다. "하느님께서 당신을 부르신 것은 당신 자신만을 위해서가 아니라 많은 사람들을 구원하고자 하심입니다." 클라라 성녀와 그 자매들에게서도 같은 응답을 받은 프란치스코는 기쁨에 넘쳐 선교 여행을 떠났다고 한다.

성인은 은수처에서 사는 형제들을 위한 규칙을 남겼다. 이 공동체는 셋 또는 네 사람으로 이루어져 있는데, 기도에 전념하는 사람들을 '아들'로, 그 '아들'이 침묵 속에서 기도에 열중할 수 있도록 돕는 사람들을 '어머니'로 칭한다. 교회의 전통적인 언어로 하자면 마리아와 마르타의 삶이라 할 수 있겠다. 은수처 규칙은 때가 되면 아들들과 어머니들이 서로 역할을 바꾸어 살도록 규정한다. 우리가 고독 속으로 물러가는 것은 마리아로서 살기 위함이지만 그것은 자신만 하느님 사랑 속에서 기뻐하며 살려는 것이 아니다. 그곳에서 만난 하느님 사랑으로 충만해져 이웃들 역시 하느님을 만날 수 있도록 돕기 위함이다. 형제, 자매들 안에 예수님을 낳아주는 어머니로 살려 함이다.

▲ 카르채리 은둔소 지붕의 성 프란치스코.

어떤 사람들이 말하듯 그리스도인들은 세상에 눈을 감고 성당에서 열심히 기도만 해야 하는가. 우리는 교회의 벽 안에서만 그리스도인인가. 수바시오산 골짜기 참나무 숲에 둘러싸인 카르체리 은둔소 지붕 위에서 십자가에 기댄 성 프란치스코가 가만히 저 아래 세상을 내려다보고 있다.

너는
누구의 친구인가

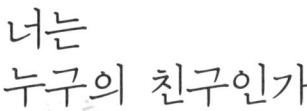

-성녀 막달라 마리아경당

아시시 평원에 있는 리보토르토Rivotorto로 가는 길을 따라가면 길 왼쪽에 아담한 성당이 하나 나온다. 성녀 막달라 마리아 성당. 프란 치스코와 나병환자의 만남을 기억하게 해주는 곳이다. 이곳은 본래 아르체Arce의 성 라자로병원이 있던 곳인데 1330년 이래 성녀 마리아 막달레나에게 봉헌되었고 지금은 이렇게 작은 성당으로 남아 있다. 세상을 떠나기 얼마 전에 남긴 유언의 서두에서 프란치스코는 자기가 회개한 일에 대해 이렇게 적고 있다.

주님께서 나 프란치스코 형제에게 이렇게 회개를 시작하도록 해 주셨습니다. 죄 중에 있었기에 나에게는 나병환자들을 보는 것이 쓰디쓴 일이었습니다. 그런데 주님 친히 나를 그들 가운데로 이끄셨고 나는 그들과 함께 지내면서 자비를 실행하였습니다. 그리고 내가 그들에게서 떠나올 무렵에는 나에게 쓴맛이었던 바로 그것이 도리어 몸과 마음의 단맛으로 변했습니다. 그리고 그

후 얼마 안 있어 나는 세속을 떠났습니다.

성당 안 제대 오른편에는 나병환자와 그를 돌보는 성인의 상이 있다. 우느라 일그러진 나병환자는 손으로 눈물을 닦고 있고 프란치스코는 무릎을 꿇은 채 그를 향해 두 팔을 벌리고 있다. 연민에 찬 성인의 표정이 생생하다. 성당 안의 명패에는 성인과 나병환자 사이의 역사가 간명하게 기록되어 있다.

나병환자를 포옹한 일, 다시 말해 나병환자들을 돌보고 그들과 함께 지낸 일은 성인의 기억에서 자신의 회심을 시작하는 걸음으로 여겨질 정도로 결정적인 자리를 차지한다. 프란치스코의 유언에 따르면 나병환자를 포옹한 체험은 산 다미아노에서 십자가 위 예수님을 만난 일에 필적한다. 즉, 그는 나무판 위에 그려진 십자가에서 예수님을 만났고 이제 나병으로 본 모습을 잃은 사람의 얼굴에서 '생생히 살아 계신' 십자가에 못 박히신 분을 만난 것이다.

어떻게 형제의 얼굴에서 하느님의 얼굴을 볼 수 있을까. 하느님 사랑과 이웃 사랑이 둘이 아님을 복음서는 '사랑의 이중 계명'이라는 말로 표현하고 있지만 둘 사이를 자꾸 갈라서 그것을 우열의 관계로 두거나 심지어는 기도만 할 것이지 왜 형제에게, 세상에 관심을 두

느냐고 타박하는 사람들도 있는 것 같다. 그러나 이런 움직임이야말로 그리스도를 배반하는 일이다. "율법에서 가장 큰 계명은 어느 것입니까?"(마태 22,36) 율사의 물음에 예수님은 하느님 사랑과 이웃 사랑이라 대답하신다. 한 가지를 물었는데 둘을 대답하시는 것은 둘이 하나라는 뜻이다. 루카복음서를 보면 하느님 사랑과 이웃 사랑을 말하는 예수님께 어느 율사가 묻는다. "누가 제 이웃입니까?"(루카 10,29) 예수님은 이야기를 시작하신다. 예수님다우시다. "어떤 사람이 있었는데 예루살렘에서 예리코로 내려가는 중이었다네…" 착한 사마리아 사람 이야기이다. 강도당해 재물을 빼앗기고 길가에 버려져 죽어가던 사람을 돌본 이는 당시 사회가 경원하던 사마리아 사람이었다. 그 이야기는 예수님의 말씀으로 끝난다. "가서 너도 그렇게 하여라."

장애를 가지고 태어난 사람이 있었다. 부모는 아기를 동네 밖에 버렸다. 혼자 죽기를 바랐던 것이다. 그러나 마을의 한 부인이 가엾게 여겨 아기를 거두었고 젖을 먹여 길렀다. 열 살 남짓 되었을 때 그 부인이 중병에 걸리자 아이는 열심히 병수발을 들었으나 결국 그에게 엄마였던 그 부인은 세상을 떴다. 이후 아이는 집을 나와 도시의 거리에서 혼자 살았다. 부모에게 버림받고 장애 때문에 세상에서도 받아들여지지 않는 삶을 살면서 아이는 거칠어졌다. 세상이 그를 버렸으므로 그 또한 세상을 버렸던 것이다. 그러나 생의 말년에 어느 사제가 이 사람을 보았다. 사람들이 꺼려하던 그의 집에 들

▲
성녀 막달라 마리아 성당 내부

어가 함께 밥을 먹고 이야기를 나누고 그를 보살폈다. 그 사람은 사제를 두고 말했다. "이 분은 처음으로 나를 사람대접해 주신 분입니다." 장애를 가졌거나 나병에 걸렸거나 피를 흘리며 길 가에 쓰러져 있거나 여러 가지 이유로 사람들은 어떤 이들을 받아들여주지 않는다. 그는 사람이 아닌 것이다. 그러나 사람이 다가가 사랑해주면 그는 사람이 된다. 프란치스코가 나병환자를 껴안았을 때 일어난 일이 그것이었다.

프란치스코의 이야기에서 우리는 고통 받는 사람에게 다가가는 행위가 실은 하느님의 사랑임을 보게 된다. 나병환자는 두려운 존재이기 때문이다. '나도 병에 걸리게 되지 않을까?' '나도 죽게 되지 않을까?' 그 두려움과 역겨움을 무릅쓰고 그에게 다가가는 것은 인간이 하는 일이 아니라 그 안에 숨은 하느님 사랑의 일이다. 산 다미아노의 십자가에서 프란치스코를 부르셨던 하느님이 성인과 함께 나병 환자를 껴안고 입을 맞추었던 것이다.

"우리 성직자들은 대부분 가난한 집안 출신이다. 그러나 사제가 된 이후 우리는 가난을 차차 잊게 되었다. 가난하지 않으니 가난한 사람들의 처지를 모르고 그들의 고통에 대해 아픔을 느끼지 못한다. 아픔이 없으니 사랑이 없다. 우리는 그들의 존재와 고통을 인식하지만 마음속에는 그들을 받아들일 자리가 없다."

김수환 추기경이 생전에 하신 말씀이다. 아픈 자기 고백이라고 할까. 추기경께서 가난하고 소외된 이들을 자주 찾아가셨던 이유를 짐작할 수 있을 것 같다. 추기경 이야기가 나왔으니 프란치스코의 초기 동료 가운데 하나인 에지디오Egidio와 관련된 이야기를 하나 해보자. 에지디오는 기지 있는 말을 잘 하기로 유명한 형제였다. 어느 날 추기경 두 사람이 그를 찾아왔다. "에지디오 형제, 우리를 위해 기도해 주십시오." 에지디오는 천연덕스럽게 대답했다. "두 분께는 제 기도가 필요 없습니다. 믿음의 덕과 희망의 덕이 저보다 훨씬 크시지 않습니까?" "그게 대체 무슨 말입니까?" 에지디오가 대답했다. "추기경님들은 세상의 권력과 영예를 그렇게 많이 누리시면서도 구원받기를 바라고 계시니 말입니다. 저는 이렇게 가난하고 비참하게 살면서도 벌 받을까 걱정이 된답니다."

"가서 너도 그렇게 하여라." 형제의 얼굴에서 하느님의 얼굴을 발견하는 일은 도움이 필요한 형제를 찾아가는 데서부터 시작한다. 구원은 형제를 찾아 자기 밖으로 나오는 일인 까닭이다. 그것은 그러나 매우 힘든 일이기도 하다. '자기'라고 할 때 그 '자기'는 내 살아온 인생의 종합이기 때문이다. 사람은 살아온 날로 살아갈 날을 결정한다. 그러나 제 자신에게서 나오지 못하는 사람은 평생 자신에게 갇혀 살아간다. 자신에게 갇혀 있을 뿐 아니라 이웃도 자기 안에 가두려고 하고 제 뜻대로 남을 휘두르려고 한다. 그런 사람은 남을 이해

▲
나병환자를 돌보는 프란치스코. 울고 있는 나병환자와 그를 바라보는 성인의 연민에 찬 표정이 생생하다.

하지 못하고 이웃에게 다가가지 못하고 형제에게 자신을 주지도 못한다. 사랑하지 못하는 것이다. 프란치스코 역시 그렇게 자신에게 갇혀 있었다. 그러나 말을 타고 가던 부잣집 아들 프란치스코가 어느 날 길을 멈추고 전에는 역겨워하던 천형의 환자에게 다가간다. 프란치스코는 나병환자에게 입을 맞추고 그의 친구가 되었다. 이는 '세리와 죄인들의 벗'(마태 11,19)이라는 타박을 들으셨던 예수님의 뒤를 따르는 일이었다. 성녀 막달라 마리아 경당의 소박한 제대 앞에서 나도 속으로 물어본다.

너는 누구의 친구인가? 너는 누구와 함께 있는가?

사랑은
형제들 속에 사신다

-리보토르토

그대 집 앞으로 나를 이끄는/ 길고 구불구불한 길.
결코 사라지지 않을 길/ 전에 보았던 그 길이
언제나 나를 여기/ 그대 집 앞으로 이끌어 오네.

비틀즈의 노래 '길고 구불구불한 길'The long and winding road를 흥얼거리며 리보토르토Rivotorto로 가는 길을 걷는다. 리보토르토는 '구불구불한 냇물'이라는 뜻이다. 성 프란치스코의 첫 공동체가 있었던 곳. 지금은 그 자리에 콘벤뚜알 프란치스코회의 공동체가 있다. 인생을 흔히 길에 비유하지만 1181년에 태어나 1226년에 세상을 떠난 성인의 짧은 지상 생애는 예수 그리스도를 온전히 닮기 위해 그분을 따라 길을 걷는 여정이었다. 그 길은 결코 순탄한 길은 아니었으니 그의 시작이 '구불구불한 냇물'에서부터였던 것은 우연이 아니었던 셈이다. 1205년 스물넷의 나이로 다미아노 성당 십자가의 부름을 들은 뒤 그는 허물어져 가는 성당을 수리하기도 하고 나환자들

▲ 리보 토르토 수도원과 성당.

에게 봉사하기도 하면서 길을 찾는다. 그가 첫 두 형제를 만나 이곳 리보토르토에 공동체를 꾸린 것은 1208년 4월 16일의 일이었다.

수도원 성당에 들어서니 막 주일 미사가 시작되는 참이다. 연중 15주일에 드리는 11시 미사다. 입당 성가는 이사야서 55장의 말씀에 곡을 붙인 '나의 모든 말'Ogni mia parola. "하늘에서 내리는 비와 눈은 땅을 적시고 새싹을 틔우기 전에는 돌아오지 않네. 나의 말도 내가 보낸 뜻을 이루지 않고는 내게 돌아오지 않으리." 그리스도인은 누구나 그 말씀을 듣는다. 내용은 다르지만 한 분에게서 오는 말씀, 그것이 각자에게 주어지는 부르심이며 소명이다. 프란치스코에게 그 말씀은 "가서 나의 집을 재건하여라"였다. 이제 하느님은 그 말씀을 함께 지키고 살아갈 형제들을 주신 것이다. 프란치스코의 첫 두 동료는 퀸타발레의 베르나르도Bernardo di Quintavalle와 피에트로 카타니Pietro Catani인데 처음으로 성인에게 합류한 퀸타발레의 베르나르도에 대해서는 상세한 일화가 전한다.

어느 날 베르나르도는 몰래 하느님의 사람에게 가서 자기 결심을 털어놓고 어느 저녁에 만나기로 하였다. 프란치스코는 기쁨에 사로잡혀 하느님께 감사를 드렸다. 그에게는 아직 함께할 동료가 없었는데 베르나르도가 거룩한 사람임을 알고 있었기 때문이다. 저녁이 되자 프란치스코는 크게 기뻐하며 베르나르도의 집에 가서 함께 밤을 새웠다. 베르나르도가 그에게 물었다. "누가 주인의 재산을 오랫동안 가지고 있었는데 이제 더 이상 소유하고 싶지 않다면 어떻게 해야 할까요?" 프란치스코는 주인에게 돌려주어야 할 것이라고 답했다. 베르나르도가 말했다. "그렇다면 재산을 주신 주님께 대한 사랑으로 저의 재산을 모두 사람들에게 나누어 주고 싶습니다. 형제가 적당하다고 여기는 방식으로 말입니다." 성인이 말했다. "날이 밝는 대로 교회에 가서 복음서를 찾아봅시다. 주님께서 제자들에게 어떻게 가르치셨는지 알아봅시다."

날이 밝자 그들은 자리에서 일어나 형제가 되기를 원하던 피에트로라는 사람을 데리고 아시시 광장 근처의 산 니콜로라는 성당에 들어갔다. 그들은 학식이 많지 않아 복음서에서 세상을 포기하는 대목이 어디인지 찾을 수 없었다. 그래서 복음서를 처음 펼 때 당신의 뜻을 보여달라고 주님께 간절히 기도하였다.

(세 동료의 전기, 8)

이들이 복음서를 들고 펴자 맨 처음 나온 구절은 "네가 완전해지려거든 가서 가진 것을 팔아 가난한 사람들에게 주어라"(마태 19,21)라는 말씀이었다. 수도자들의 아버지로 여겨지는 안토니오 성인이 출가를 결심하게 한 성경 구절이기도 하다. 내가 가진 모든 것이 실상은 내 것이 아니라 그분의 것임을 깨닫고 가난한 이들에게 되돌려주면, 그때 내가 만나는 모든 이는 형제가 된다. 이 복음 구절은 "그러고 와서 나를 따라라"라는 말씀으로 이어진다. 나를 지켜주는 모든 것을 포기하고 작고 가난한 이로 예수님을 따를 때 거기서 만나는 모든 이를 형제로 만날 수 있겠기 때문이다. 이제 형제와 함께 가는 길이 시작되는 것이다.

리보토르토의 수도원 성당 뒤편에는 프란치스코가 살던 당시의 움막을 재현해 놓았다. 움막은 세 부분으로 나뉘어 있는데 가운데 움막의 벽에는 하얀 십자가가 붙어 있다. 십자가 옆에 붙어 있는 명패에는 십자가가 프란치스코와 첫 동료들의 기도서였다는 제목 아래 다음과 같은 말이 새겨져 있다.

> 프란치스코와 그의 동료들은 아시시 근처의 버려진 움막을 거처로 삼았다. 하지만 시간 기도를 바칠 기도서가 없었으므로 밤낮으로 그리스도 십자가의 책을 펼쳐 읽고 또 읽었다. 그들은 그리스도의 십자가를 계속 선포하라고 하신 사부의 말씀과 모범을 따랐다.

처음에 십자가 위에서 프란치스코를 부르셨던 예수님은 이렇게 그의 형제들에게도 말씀하신다. 사랑은 사람의 마음속에 살지만 사람은 사람들 속에서 산다. 그들은 하느님께서 내게 주신 나의 형제,

자매들이다. 그러므로 사랑은 내 형제 자매들 속에 사신다고 말할 수 있지 않을까. 프란치스코의 공동체가 이곳 리보토르토에 살던 어느 밤에 한 형제가 소리를 지르며 울기 시작했다. "아이고, 아이고, 나 죽겠다!" 등불을 밝힌 프란치스코가 무슨 까닭인지 묻자 그는 배가 고파 죽을 지경이라고 하는 것이었다. 성인은 먹을 것을 준비하여 모두가 함께 먹도록 했다. 울던 형제가 무안을 당하지 않도록 하려는 배려였다. 이런 사랑을 체험한 사람은 결코 전에 살던 것처럼 살지 못한다. 그는 형제가 무엇인지를 알게 되었기 때문이다. 프란치스코의 형제들 가운데 하나인 맛세오 Masseo는 라베르나를 떠나는 프란치스코를 회상하면서 "그분은 우리 마음을 가지고 가버렸습니다"라고 적었다. 프란치스코의 공동체가 어떤 사랑으로 살았는지를 보여주는 말이다.

우리 수도원에서는 아침 기도가 끝나면 바로 조반 먹는 시간이다. 어느 날 기도를 마치고 식당으로 올라오면서 콧노래를 흥얼거렸는데 수련자 형제가 나를 보더니 웃는다. "원장 수사님이 노래를 이어 받았어요." 무의식중에 원장님이 그 곡조를 따라하시는 모양이다. 이것이 형제들의 삶이다. 기쁨은 전염되고 삶은 나누어진다. 때로 길은 멀고 구불구불하지만, 가는 길 힘들고 고생스럽지만 이 길을 계속 갈 수 있는 것은 정다운 길동무, 같은 뜻을 서로 마음에 품고 같은 노래를 흥얼거리며 가는 형제가 있기 때문이다.

▲
리보 토르토 성당 외벽의 부조. 산 다미아노의 부르심과 나병환자를 껴안은 일이 하나임을 표현하고 있다.

▲ 프란치스코의 형제, 자매들
1. 파도바의 성 안토니오 2. 성 프란치스코와 베르나르도 다 퀸타발레(왼쪽) 3. 성 프란치스코와 성녀 클라라 4. 5. 10. 성녀 클라라

6. 루피노 7. 실베스테르 8. 레오 9. 파르마의 요한 11. 토마스 첼라노

▲ 페루지아의 감옥 터에 있는 메르카토 코페르토.

두 개의 꿈
사이에서

-페루지아의 감옥 터

묵고 있는 숙소에서 아시시 역까지는 걸어서 십 분 정도 걸린다. 아침기도를 드리고 느긋하게 역에 갔더니 아시시 역은 따로 역무원 없이 까페 주인이 커피도 팔고 열차 표도 파는 곳이었다. 열차 표를 파는 까페 주인, 이거 멋있다 싶었는데 페루지아 표를 달라고 그랬더니 지금 페루지아 가는 열차가 들어오고 있단다. 어이쿠! 간이역이라 정차 시간도 짧은데다 표는 아직 사지도 않았는데 열차는 막 출발한다고 하고... 까페 손님 하나가 밖에 나가 기관차를 잡고 있는 동안 우리는 부리나케 표를 사서 열차에 올랐다. 정신없이 차에 올라 차창 밖으로 고맙다는 인사를 하고 자리에 앉으니 절로 웃음이 난다. 열차를 타는 이도 사람이고 열차를 움직이는 이도 사람이다. 1분 1초도 에누리 없는 편보다는 사람들이 숨 돌릴 여유가 있는 이 나라 방식이 나는 좋다. 생전 처음 보는 사람들을 위해 "어이, 쥬세, 조금만 기다려줘" 기관사와 대화하면서 기차를 잡고 있는 까페 손님이나 표를 급하게 내 주는 동안에도 페루지아에서 갈 만한 데 이야기를 해 주는 까페 주인, 이렇게 한국에서 온 순례자들과 아시시의 사람들이 만나는 것이다. 말이 났으니 말이지 사람을 위해 시스템이 잠시 기다려주는 일이 이탈리아 아니면 또 어디서 가능하겠는가. 열차가 슬슬 움직이고 한숨을 돌리고 나니 이젠 까페를 못 마신 게 조금 아쉽다. 말 타면 견마 잡히고 싶다던가…

   페루지아는 움브리아의 중심도시다. 프란치스코 성인이 사시던 시절, 아시시와 페루지아는 경쟁 관계였다고 한다. 성인이 스물한 살이 되던 1202년 11월 두 도시 사이에 전쟁이 일어났는데 프란치스코는 여기 참전했다가 산조반니SanGiovanni다리 전투에서 포로가 되어 페루지아로 압송된다. 두 해 전에는 아시시에서 내전이 일어나 아시시가 코무네comune, 즉 자치도시가 되는데 당시 이탈리아에서는 시민들과 귀족들 사이에 싸움이 잦았고 인근 도시들끼리도 다툼이 많이 일어났던 모양이다. 페루지아로 끌려온 프란치스코는 1년 정도 감옥에 갇혀 있다가 병에 걸렸고 이듬해인 1203년 풀려난다. 우리는 지금 그가 갇혀 있던 감옥 터를 둘러보러 가는 길이다. 부유한 시민 계급의 아들로 태어난 프란치스코는 기사로 무공을 세워 출세하려는 꿈을 품고 있었다. 그러나 그렇게 칼을 들고 나선 프란치스코는 좌절을 겪고 감옥에 갇히게 된다. 세속의 꿈, 개인의 야심이 벽에 부딪힌 것이다.

꿈을 꾸는 사람은 누구나 벽에 부딪힌다. 그리고 그 벽 앞에서 꿈의 진실이 가려지게 된다. 거짓된 꿈이었다면 접히겠지만 그렇지 않다면 그는 꿈을 새롭게 바라보게 될 것이다. 감옥에 있는 동안 프란치스코는 낙천적인 성격으로 사람들에게 웃음을 주기도 하고, 분노에 사로잡혀 사람들과 어울리지 못하던 수인의 벗이 되어주기도 했다. 그러나 나중에는 몹시 쇠약해져서 아버지가 몸값을 치러 석방된 다음에도 한 동안 병석에 누워 있어야 할 정도가 되었다. 한 번 좌절을 겪었지만 프란치스코는 기사로서 출세하려는 꿈을 버리지 못한다. 독일과 교황 사이의 전쟁에 참전하려는 젠틸레Gentile백작의 군대에 합류하기 위해 비싼 돈을 들여 기사 의장을 장만한다. 전장으로 가는 길에 스폴레토에서 밤을 보내며 그는 꿈을 꾼다. "프란치스코야, 프란치스코야, 너는 주인을 섬기는 것이 좋으냐, 종을 섬기는 것이 좋으냐?" "예, 주인을 섬기는 것이 좋습니다." "그렇다면 너는 왜 주인을 버리고 종을 섬기려 하느냐?" 잠에서 깬 프란치스코는 발길을 돌려 아시시로 돌아온다. 전에 꾸던 꿈을 완전히 버리게 된 것이다.

무공을 세워 기사가 되고 출세하는 것, 귀부인과 결혼하는 것. 프란치스코가 꾸던 꿈은 스스로 큰 사람이 되는 것이었다. 돈을 많이 벌어 큰 부자가 되거나 권력을 휘두르는 지체 높은 사람이 되는 것은 내가 커지는 일이다. 비싼 중형차를 탄 사람은 자기가 그 차만큼 커졌다고 생각한다. 넓은 평수의 높은 아파트에 사는 사람은 자기가

▲
기념품 가게의 십자군 미니어처. 프란치스코의 시대는 전쟁의 시대였다.

그만큼 넓고 높다고 여긴다. 그래서 작은 차를 타는 사람이나 작은 집에 사는 사람을 업신여긴다. 그것이 바로 자기라고 여기기 때문이다. 우리 사회에서 힘 있고 부유한 사람들의 행태, 이른바 갑질이라는 것이 사람들 입에 오르내린 지도 오래되었지만 그런 짓에 분개하는 사람들도 한편으로는 권력자와 부자들을 선망하면서 산다. 내가 힘 있고 큰 사람이 되는 것, 그래서 내 뜻대로 살며 그 힘을 쓰는 것, 그것을 추구하는 게 세상의 사고방식이기 때문이다.

프란치스코는 스스로 큰 사람이 되려던 옛 꿈을 버리고 작은 사람이 되는 길을 택한다. 그의 새로운 꿈은 크신 하느님의 작은 사람이 되는 것이었다. 아시시 주교관 재판정에서 알몸이 되어 세속의 아버지를 버린 성인은 굽비오를 향해 떠난다. 하느님을 찬미하면서 숲속을 지나가다가 강도들을 만났다. "네놈은 누구냐?" 강도들의 물음에 프란치스코는 답한다.

"나는 위대하신 하느님의 심부름꾼이다!"

이밖에도 페루지아에는 성인의 흔적을 담고 있는 곳이 여럿 있다. 그중에서도 중앙광장은 성인이 페루지아 사람들에게 평화를 설교했던 곳으로 유명하다. 또 광장 한 켠의 주교좌성당(성 라우렌시오성당) 부근에는 한때 교황들의 거처였고 다섯 번의 콘클라베가 열렸던 역사적인 장소가 있다. 이곳은 프란치스코가 세상을 떠난 지 2년 후인 1228년, 그레고리오 9세 교황이 추기경 회의를 소집해서 그의 시성을 논의한 곳이기도 하다.

 아침부터 따가운 햇살 아래 돌아다녔더니 어지간히 지치는 것 같다. 메르카토 코페르토Mercato coperto 부근 까페에 들어가 커피를 한 잔 주문한다. 종일 걸은 뒤끝이라 뭉근해진 다리도 쉴 겸 해서다. 갇혀 있던 감옥에서도 기쁨을 잃지 않았던 프란치스코의 힘이 지친 순례자들에게도 더해지기를!

▲
페루지아의 까페 한 잔.

▲
성 프란치스코와 늑대.

성 프란치스코의 늑대

-굽비오

　페루지아에서 굽비오Gubbio로 가는 버스를 탔다. 끝없는 해바라기 밭 사이를 내달리던 버스가 굽비오에 도착한 때는 한낮. 뙤약볕을 받으며 광장의 버스 정류장에 내리니 맞은편에 장대한 규모의 성당이 순례자들을 맞는다. 13세기 말 첫 번째 프란치스칸 교황 니콜로 4세 때 완성된 성 프란치스코성당이다. 이렇게 큰 성당을 보면 그리스도교가 이곳의 국교였음을 새삼 상기하게 된다. 모든 사람이 신자였기에 성당들도 이렇게 컸을 터. 지금은 유럽의 교회들이 큰 위기를 맞고 있다고들 하는데 형편은 이탈리아도 크게 다르지 않은 듯하다. 몇 년 전에 로마 교구 신자들의 주일 미사 출석률이 10% 가량 된다는 말을 들은 적이 있다. 가톨릭의 총본산인 로마 교구의 형편이 이 정도라면 위기를 따로 얘기할 필요도 없겠다. 진짜 신앙으로 사는 사람들 따로 제 잇속 먼저 따지면서 신자입네 하는 사람들 따로인 것은 예나 지금이나 별반 다를 것이 없겠지만 그렇게 사람들이 신앙 따로 삶 따로 살아갈 때 홀연 나타나 사위어 가는 복음의 불꽃에 기름을 붓는 이들이 프란치스코와 같은 성인들이다.

굽비오의 성 프란치스코 성당은 콘벤뚜알 프란치스코회에서 맡아 관리하고 있다. 성당에 들어가 잠깐 기도하고 내부를 둘러보고 있는데 제의실에서 자그마한 신부님이 한 분 나오신다. 지아코모 Giacomo신부님. 꼰벤뚜알 프란치스코회 회원이시란다. 우리가 한국에서 왔다고 했더니 대뜸 "꼬레아 델 수드, 꼬레아 델 노르드?"하고 물으신다. 남한이냐, 북한이냐 하는 물음이다. "꼬레아 델라 메짜!" 하고 웃어넘겼다. "가운데 한국에서 왔어요." 농담으로 대답하긴 했지만 이 질문 앞에서는 언제나 씁쓸하다. 우리는 언제쯤 이런 질문을 안 듣고 살게 될까. 일제 식민통치에서 해방된 지 오 년 만에 민족이 갈라져 크게 싸우고 그렇게 분단이 칠십 년 넘게 이어지고 있다. 세계에서 유일한 분단국이라 왠만한 사람들은 이렇게 우리를 남과 북으로 갈린 나라로 기억하는 것이다. 분단과 전쟁으로 형제가 원수가 되었고 이제는 남과 북이 싸우는 것도 모자라 동과 서로 갈라져 대립하고 있다. 잡아야 할 손을 뿌리치고 미움과 반목으로 살아가는 부끄러운 우리의 자화상이다. 언제쯤 이 미움을 넘어 우리는 사랑으로 가게 될까.

▲ 콘벤뚜알프란치스코회 지아코모 신부님과 함께.

주님,

저를 당신의 도구로 써주소서.

미움이 있는 곳에 사랑을,

다툼이 있는 곳에 용서를,

분열이 있는 곳에 일치를,

의혹이 있는 곳에 신앙을,

그릇됨이 있는 곳에 진리를,

절망이 있는 곳에 희망을,

어두움에 빛을,

슬픔이 있는 곳에 기쁨을

가져오는 자 되게 하소서.

위로받기보다는 위로하고,

이해받기보다는 이해하며,

사랑받기보다는 사랑하게 하여 주소서.

우리는 줌으로써 받고,

용서함으로써 용서받으며,

자기를 버리고 죽음으로써 영생을 얻기 때문입니다.

▲ 승리의 성모 마리아 성당 제대.

흔히 성 프란치스코의 '평화를 구하는 기도'로 알려져 있지만 이 기도문은 성인이 직접 지은 것은 아니라고 한다. 1989년 임수경씨가 판문점을 걸어 내려오면서 문규현 신부님과 이 기도를 바치던 모습이 선하다. 미움이 있는 곳에 사랑을, 다툼이 있는 곳에 용서를, 분열이 있는 곳에 일치를 구하는 기도. 세상 그 어느 곳보다도 이 기도가 필요한 곳이 우리 땅이라는 생각이 간절하게 다가온다.

성당이 있는 광장에서 굽비오를 남북으로 가로지르는 대로를 따라 걷다 보면 '빅토리아성당'이 나온다. 이 이름은 '승리의 성당'이라는 뜻인데 '승리의 성모 마리아 성당'을 줄여서 이렇게 부른다. 프란치스코가 사나운 늑대를 잠잠케 하고 그와 친구가 되었던 곳이다. 기록에 따르면 성 프란치스코가 굽비오에 머물고 있을 때 그 부근에 몸집이 크고 사나운 늑대가 나타나 가축뿐 아니라 사람까지 잡아먹곤 하였다고 한다. 성인은 늑대에게 다가가 성호를 긋고 명했다. "이리 오너라, 내 형제 늑대야. 그리스도의 이름으로 명하니 나도, 다른 사람도 해치지 말아라."

십자군과 전쟁 중이던 술탄에게까지 찾아가 평화를 역설했던 프란치스코가 평화의 사도라고 불리는 것은 당연한 일이다. 그러나 사랑을 말하는 사람은 미움 중에 있게 되고 평화를 말하는 사람은 싸움 가운데 처하게 된다. 나를 거스르는 사람을 미워하고 그를 눌러

▲ 승리의 성모 마리아 성당. 프란치스코와 늑대가 화해한 자리에 세워진 성당이다.

버리고 싶은 유혹이 솟아나기 때문이다. 평화를 말하는 사람, 사랑을 선포하는 사람은 두 가지 적을 앞에 두게 되는데 내게 싸움을 걸어오는 상대방이라는 적과, 그에게 똑같이 대응하려는 내 안의 폭력성이 그것이다.

너른 풀밭 한 가운데 있는 성당은 규모가 크지 않고 아담하다. 늑대에게 성인이 그러셨던 것처럼 위압하지 않고 편안하게 다가오는 성당이다. 건물 앞쪽에는 청동상이 놓여 있는데 성인과 늑대가 마주 보고 서 있는 모양이다. 늑대는 사람을 해치고 사람은 늑대를 피하는 법, 둘이 원수인 것이 세상의 상식이지만 적어도 여기에서는 친구다. "이웃을 사랑하고 원수를 미워하라'고 말씀하신 것을 여러분은 들었습니다. 그러나 나는 말합니다. 원수를 사랑하고 박해하는 사람들을 위해 기도하시오."(마태 5,43) 이 말씀 앞에서 걸려 넘어지지 않는 그리스도인이 어디 있으랴만은 나는 이 말씀을 하신 예수님 자신도 이 말씀을 하기까지 깊은 고뇌를 겪으셨으리라고 생각한다. "원수를 사랑하라"는 말씀은 이를테면 그를 원수로 여기게 하는 자신의 내면을 응시하라는 말씀이 아닐까. 그를 원수로 여기게 하는 내 안의 무언가를 받아들임으로써 원수가 더 이상 원수가 아니게 되는 일, 이것은 자신을 죽임으로써 원수를 받아들이는 순교와도 같다. 이렇게 생각하면 굽비오의 늑대 이야기는 프란치스코가 자기 안팎의 폭력성을 대면하고 그것을 이겨내는 이야기인지도 모른다.

성당 앞 대리석 판에는 "여기서 성 프란치스코가 사나운 늑대를 잠잠하게 했다"는 글귀가 새겨져 있다. 성당을 떠나 돌아오는 길, 가게 쇼윈도우에는 중세 시대 갑옷 미니어처가 진열되어 있고 조용한 주택가 대문에는 '개조심' 푯말이 붙어 있다. 프란치스코는 승리를 거두었지만 나는, 우리는 또 얼마만한 갑옷과 사나운 개로 나를 지키려 하고 있는 것일까, 부끄러운 마음이 굽비오를 떠나는 순례자들 뒤를 졸졸 따라온다.

▲
개조심 푯말.

성프란치스코의
작은 나무

-성녀 클라라대성당

프란치스코 성인의 삶을 영화화한 작품들은 꽤 있는 편이다. 얼핏 생각해도 '형님인 태양과 누이인 달Brother Sun Sister Moon'(1972)이라든가 미남 배우(요즘은 생의 이력이 새겨진 험한 얼굴을 하고 있지만) 미키 루크 Mickey Rourke가 주연을 한 '프란치스코Francesco'(1989) 등이 떠오른다. 근래에 나온 작품으로는 '클라라와 프란치스코Chiara e Francesco'(2007)가 있는데 제목부터 두 성인이 함께 나오는 이 작품에서는 프란치스코가 혼자 주인공 역할을 하지 않고 클라라 성녀와 함께 영화를 이끌어간다. 프란치스코의 제자였고 그의 정신에 가장 충실했던 클라라가 현대적 시각으로 재해석되는 작품이다.

영화가 시작되면 푸른 풀밭 위를 성큼성큼 걸어가는 프란치스코의 발이 보인다. 그 뒤 프란치스코가 디딘 자국을 따라 걸어가는 클라라가 있다. 어느 순간 걸음을 멈춘 프란치스코, 따라오는 클라라를 바라보며 웃음 짓는다. "클라라, 내 발자국을 따라 걸어오는군요." 그를 바라보는 미소 어린 클라라의 얼굴. 고개를 저으며 성녀

▲ 클라라 성녀의 생가터에 있는 경당

가 대답한다. "아니요, 더 깊은 발자국을 따라 걷지요." 예수 그리스도의 발자취를 따라 평생 함께 걸었던 두 사람의 관계를 보여주는 아름다운 장면이다. 사실 복음을 따르는 삶이라는 공통점을 제외하면 두 사람의 삶에는 차이가 더 많을 것이다. 한 사람은 봉쇄수녀원에서 평생을 보냈고 한 사람은 십자군 전쟁 중인 이집트까지 찾아가 술탄에게 평화를 역설할 정도로 길에서 생을 보냈으니까. 그러나 프란치스코 없는 클라라를 생각할 수 없듯이 클라라 없는 프란치스코도 생각할 수 없다. 아시시 시내 포르타 누오바 근처에는 성녀 클라라를 기념하는 대성당이 서 있다.

성녀 클라라대성당은 분홍 대리석과 흰 대리석을 교차로 쌓아 올린 외벽 때문에 무척 화사하다. 수바시오 산에서 나는 이 대리석은 부드러운 분홍빛인데 분홍은 지붕에 덮인 기와의 붉은 색과 함께 아시시를 특징짓는 색깔이기도 하다. 이 성당 지하에는 프란치스코 성인이 생전에 입었던 낡은 황갈색 수도복이 보존되어 있다. 화사한 분홍빛 클라라대성당 안에 보존되어 있는 프란치스코의 낡은 황갈색 수도복. 이는 따로 나누어 생각할 수 없는 두 성인의 관계를 연상시킨다. 성 프란치스코는 육신을 기도처에, 영혼을 그 기도처 안에서 기도하며 묵상하는 은수자에 비긴 적이 있다. 클라라 성녀가 품고 지켜온 것은 성 프란치스코의 정신, 가난에 대한 사랑이었다.

대성당 안으로 들어가 오른편을 바라보면 다미아노 성당에서 프란치스코에게 말했던 십자가가 모셔져 있는 경당이 있다. "프란치스코야, 내 집이 허물어져 가고 있지 않느냐? 가서 나의 집을 다시 세워라!"하고 성인을 불렀던 바로 그 십자가다. 세상 사람들이 모두 부귀와 명예, 권세를 향해 달려갈 때 발가벗긴 예수 그리스도의 가난으로 프란치스코를 부르고, 그 가난이 나병에 걸린 비참한 인간의 가난과 다르지 않음을 가르쳤던 십자가가 여기에 있다. 나의 가난으로 내려가지 않는 사람은 형제의 가난을 볼 수 없고 가난한 형제를 알아보지 못하는 사람에게 사랑이란 공염불에 지나지 않는다고 가르치는 십자가다.

일찍이 프란치스코가 보여준 복음적 삶에 매료되어 집을 버리고 가난의 삶을 택한 클라라. 그녀는 자신을 프란치스코의 작은 나무라고 부른다. 클라라는 프란치스코가 세상을 떠난 뒤로도 27년을 더 살았다. 1253년 세상을 떠나면서 성녀는 유언을 남긴다.

"그분께서는 살아 계시는 동안 지극히 거룩한 가난에 대한 사랑과 그 실천에 대해 수많은 강론과 모범으로 우리에게 권고하는 것으로 만족하지 않으시고, 당신께서 돌아가신 다음에도 우리가 가난에서 절대로 벗어나지 않도록 우리에게 많은 글까지 남겨주셨습니다... 주님과 지극히 복되신 우리 사부 프란치스코께 우

▲
클라라 대성당의 십자가 경당. 순례자들이 팔백여 년 전의 프란치스코처럼 다미아노 십자가 앞에서 기도하고 있다.

▲ 클라라 대성당 크립타에 보존되어 있는 성 프란치스코의 수도복.

▲ 클라라 대성당 크립타에 있는 클라라 성녀의 유해.

리가 약속한 거룩한 가난을 지키게 하시고, 이 가난 안에 늘 머물도록 그들을 도와주시고 지켜 주십시오."(유언, 34, 47)

성녀 클라라대성당은 성 지오르지오Giorgio 성당이 있던 자리에 세워졌는데 이곳은 프란치스코가 세상을 떠난 뒤 1230년까지 묻혀 있던 곳이다. 클라라 성녀 역시 죽은 뒤 이곳에 모셔졌고 대성당이 축성된 1265년 10월 3일 주제대 아래에 안치된다. 지금도 크립타cripta라고 부르는 성당 지하에 가면 클라라 성녀의 유해를 볼 수 있다.

프란치스코는 복음적 가난을 살고 가르치면서 무너져 가던 하느님의 집을 재건했고 클라라는 그 가난의 정신을 지키기 위해 싸웠다. 보통 '가난의 특전'이라 부르는 것이 그것인데 성녀는, 최소한의 안전장치로서 어느 정도의 재산을 받아들이라 명하는 교회당국에 맞서 온전히 가난하게 살 권리를 주장했던 것이다. 오직 하느님만 의지할 권리, 온전한 믿음의 권리라고 할까. 프란치스코 사후(1226) 클라라는 완벽한 가난을 살 수 있는 회칙을 얻기 위해 교황들과도 맞섰는데 교회 당국도 곤혹스러웠을 것이다. 무엇을 갖겠다고 청하는 것도 아니고 아무것도 가지지 않겠다는데야 이 여인 앞에서 교황인들 무슨 수가 있었겠는가. 클라라는 결국 1253년 8월 9일 임종을 이틀 앞두고 바라던 회칙을 승인받게 된다.

성 프란치스코대성당에는 시모네 마르티니Simone Martini가 14세기에 그린 클라라성녀의 프레스코화가 있다. 무척 아름다운 얼굴이다. 평생 십자가를 바라보며 살았던 사람, 그리스도의 고통과 인간의 고통을 품고 살았던 사람이 아름답지 않을 도리가 있으랴. '아름답다'는 말은 '앓음답다' 즉 '앓다'는 말에서 나왔다고 한다. 공동체의 자매들에게 십자가라는 거울을 늘 들여다보라고 가르쳤던 클라라는 평생 십자가를 거울삼아 살아감으로써 이름처럼(클라라는 '맑다, 영롱하다'는 뜻이다) 더욱 맑고 아름다워졌던 게 아닐까. 프란치스코의 전기작가 토마스 첼라노는 클라라의 삶을 이렇게 요약한다.

"이름은 영롱이었고 생활은 더욱 영롱했으며 품행은 더더욱 영롱하였다."(제 1생애, 18)

우리에게 간절한 것들, 때로 허기로 때로는 다른 모습으로 나타나는 것들도 그것을 끝까지 따라가면 우리 속의 깊은 갈망과 만나게 된다. 그것은 구원에 대한 갈망, 사랑에 대한 갈망이다. 그리고 그 갈망을 따라 충실히 걷는 사람은 어느 순간 이웃에게 구원을 가져다주고 싶은 갈망을 느끼게 된다.

리에티 주변

▲ 그레치오 성지.

그레치오는
항상 성탄입니다

-그레치오(1)

　순례를 떠난 지 일주일이 되었다. 피곤하다. 길을 떠난 사람의 몸과 마음이 이런 것일까. 성체성사를 세우시기 전에 제자들의 발을 씻어주신 예수님의 마음을 헤아리게 된다. 그분 역시 먼 길을 걸어왔고 그래서 힘든 인생길을 걸어온 제자들의 처지를 잘 아셨으리라. 당신이 떠난 후에 제자들이 걸을 길에 대한 걱정도 있었을 것이다. 머리도 아니고 손도 아니고 제자들의 발을 씻어주신 것은 그래서였을 거라는 생각이 든다. 서울에서는 별로 안 걷던 사람들이 순례길에 나서서 걷기 시작하자 발바닥이 아팠다. 저녁이 되어 발을 물에 담그면 그 피로가 씻어지는 것 같았고 그렇게 다음날이면 괜찮아져서 다시 걸을 수가 있었다.

　그런데 지금은 허리가 아프다. 배낭에 짐이 너무 많은 게지. 여행안내서, 성경, 성무일도서, 미사책, 공책... 저녁이 되면 몸은 노곤해지고 눈이 절로 감기려고 한다. 내가 지고 다니는 짐은 지금의 내가 부여안고 있는 걱정의 산물이리라. 순례하려면 정보가 있어야 하고 무언가 메모도 해야 하고 우산도 필요하고 이런 연장도 있어야 하고 저런 도구도 있어야 하고... 오래 전에 순례 갔던 일이 떠오른다. 그 순례지는 해발 천 미터쯤 되는 산 위에 있었는데 함께 갔던 연세 든 수녀님이 오르막길을 힘들어하셨다. 배낭이 무거워 보여 "제가 좀 져드릴까요?" 했더니 "무거운 것은 배낭이 아니라 내 자신이겠지요" 하는 대답이 돌아왔다. 지금 내게 무거운 것은 무엇일까. 짐일까, 내 자신일까?

그레치오Greccio 역에 도착한 것은 오후 두 시 반. 역에서 나오자 길가에 꾸며놓은 동굴이 보이고 "그레치오는 항상 성탄입니다"라는 말이 적혀 있다. 그레치오는 프란치스코 성인이 처음으로 성탄 구유를 만들었던 곳이다. 성탄절이 되면 그리스도인들이 성당에도 집에도 구유를 꾸미고 예수님 탄생을 기뻐하는 풍습이 여기 그레치오에서 시작되었다는 이야기이다. 지금까지 아시시와 그 부근을 순례했다면 오늘부터는 리에티 계곡에 있는 프란치스코 성인의 자취를 더 듬어 보게 된다. 여기서는 그레치오를 비롯해서 포지오 부스토네, 라 포레스타, 폰테 콜롬보, 리에티, 이렇게 다섯 군데의 성지를 찾아 갈 예정이다.

순례 떠나기 전에 예약해놓은 민박집을 찾아 짐을 풀었다. 이탈리아 사람들은 자기 고향에 대한 애착이 특별한데 민박집 주인인 루

치아 아주머니도 예외는 아니어서 그레치오 얘기를 시작하자 얼굴에 화색이 돈다. 본래 부부가 로마에서 살았는데 은퇴한 뒤 고향인 그레치오에 와서 민박집을 하고 있단다. 사람은 자기가 나고 자란 땅과 뗄 수 없는 존재라는 얘기들 많이 하지만 여기 와서 그것을 더 느낀다. 움브리아 지방을 다녀 본 사람은 누구나 말하게 될 것이다. "아, 이런 땅이니까 프란치스코 성인이 나셨구나!"하고. 이렇게 평화로운 산과 들, 강과 숲을 바라보며 사셨으니 세상 만물을 형님이며 아우, 누이라 부르게 된 게 아닐까.

사람은 태어난 땅을 닮지만 그 땅을 가꾸는 것도 사람이다. 내가 난 땅도 아름답기로는 세상 어디에 빠지지 않는다. 삼천리 금수강산이라고들 하니까. 하지만 지금은 돈에 눈이 먼 사람들이 산을 깎고 강에 보를 세우고 하느라 온 땅이 몸살을 앓고 있는 형편이다. 그렇게 망가진 땅은 이제 어떤 사람들을 낳을까. 이곳 그레치오에서 프란치스코 성인은 막 태어난 예수님을 바위 위 구유에 모셨는데... 생각에 잠겨 길을 걷다 보니 벌써 그레치오 성지다. 우리 민박집에서 여기까지는 우리 걸음으로 오 분 정도 거리지만 그레치오 마을까지는 십오 분 이상을 걸어야 한다.

프란치스코가 그레치오에 처음 온 것은 1217년 여름인데 그때는 산 위에 거처를 두고 마을에 내려와 말씀을 선포했다고 한다. 그레치오 사람들은 성인의 말씀을 매우 좋아했으므로 프란치스코에게 그곳에 머물러 달라고 청했고 그 동네의 조반니 벨리타Giovanni Velita 라는 경건하고 부유한 사람이 성인과 형제들을 위해 집을 짓기로 했다. 처음에 성인은 별로 내키지 않아 했지만 형제들의 은수처가 마을에서 돌을 하나 던져 떨어지는 만큼의 거리에 지어지는 조건으로 허락했다고 한다. 그래서 한 아이에게 횃불 하나를 주면서 가능한 한 멀리 던지라고 했더니 놀랍게도 이삼 킬로미터 떨어진 바위 부근까지 날아가서 주위를 태웠다는 것이다. 그래서 그 바위 부근에 동굴을 파고 은수처를 지은 게 지금의 그레치오 성지가 되었다는 얘기다.

성지 입구 계단을 올라가 부근을 둘러본 뒤 구유동굴에서 드리는 미사에 참례했다. 성인이 1223년 성탄에 처음으로 구유를 모셨던 동굴에서 드리는 미사. 잠비아에서 온 마리아의 전교자 프란치스코 수녀회 수녀님들이 뱀바bemba어로 아름다운 성가를 불러주셨다. 함께 있던 연세 높은 이탈리아 수녀님이 전에 한국에서 선교사로 사셨노라고 반가워하신다. 강미란이라는 우리 이름도 갖고 계시다고. 소년이 던진 횃불이 멀리 날아가 바위 위에 프란치스코 성인의 거처를 짓게 했던 것처럼 예수 그리스도에 대한 사랑은 어떤 이들에게, 나고 자란 땅을 떠나 생면부지의 땅에 가서 둥지를 틀게도 하신다. 그곳에 예수님을 모시고 가게 하신다.

하느님이신 분이 사람이 되셨습니다. 포대기에 싸여 보잘것없는 집 안 구유에 누웠습니다. 복음서가 봉독될 때 여러분은 이것을 들었습니다. 모두가 듣고 놀랍니다! 세상을 창조하신 분이 작은 집에도 누울 곳이 없다니! 구유에 뉘여 우리의 음식이 되셨습니다. 짐승 두 마리가 구유에 다가옵니다. 두 백성입니다. 소도 제 주인을 알고 나귀도 주인이 놓아준 구유를 압니다. 구유를 보십시오. 하느님의 나귀가 되는 것을 부끄러워 마십시오. 그대는 그리스도를 모시고 가게 될 것입니다. 그분을 모시면 길을 잃고 헤매는 일이 없을 것입니다.

그대의 길이신 주님께서 그대의 등에 타실 것입니다. 주님의 손에 이끌려 갔던 그 나귀를 기억합니까? 아무도 부끄러워하지 마십시오. 우리가 그 나귀입니다. 주님께서 타시고 당신 원하시는 곳으로 우리를 이끄실 것입니다. 우리는 그분의 나귀이니 예루살렘을 향해 갑시다! 우리가 그분을 모시면 멸시받지 않을 것입니다. 오히려 들어올림을 받을 것입니다. 그분이 이끄시면 길을 잃지 않을 것입니다. 그분에게 갑시다. 그분을 통해서 갑시다. 우리는 죽지 않을 것입니다(성 아우구스티노, 강론 189,4).

그레치오는 프란치스코 성인이 모시고 다니던 아기 예수님의 땅, 그러니 이곳은 프란치스칸들의 베들레헴이다. 미사가 끝난 구유 동굴 앞에 머물러 처음으로 구유가 모셔졌던 바위틈을 바라본다. 거기 누워 계셨을 프란치스코 성인의 아기 예수님 모습에 내 마음속 구유에 계시는 아기의 얼굴을 비추어본다.

▲
다양한 성탄 구유들.

▲ 그레치오 성지 성당에서 기도하는 사람들.

내 손에 맡겨진 하느님

-그레치오(2)

그레치오 성지 성당에 들어서니 제대 전면의 하얀 성모님 모습이 눈에 띈다. 백합꽃에 둘러싸인 성모의 모습을 표현한 테라코타다. 첫 성탄 구유가 꾸며진 곳이니 어머니가 계시는 것도 당연한 일. 성당 앞자리에 나란히 앉아 기도하고 있는 사람들 모습이 아름답다. 순례는 잠시 접어 두고 그이들 뒤에 나도 좀 앉아 있었으면 싶다. 기도가 하느님을 만나는 일이라면 저렇게 그분 앞에 앉아 있는 일은 자신 안에 하느님이 태어나기를 기다리는 일이라고 할 수도 있지 않을까. 요한 크리소스토모 성인은 말했다고 한다. "회심하기 시작하는 사람은 마리아가 된다. 그는 그리스도를 낳게 되기 때문이다."

1223년 12월, 성 프란치스코는 그레치오에 사는 조반니 벨리타에게 보름 앞으로 다가온 성탄절을 준비하게 한다.

"그레치오에서 우리 주님의 축제를 지내고 싶으면 빨리 가서 내가 시키는 대로 부지런히 준비하시오. 우선 베들레헴에서 탄생하신 아기 예수님을 기억하고 싶습니다. 아기가 겪은 그 불편함을 보고 싶고 또한 아기가 어떻게 구유에 누워 있었는지, 그리고 소와 당나귀를 옆에 두고 어떤 모양으로 짚더미 위에 누워 있었는지를 나의 눈으로 그대로 보고 싶습니다."(제1 생애, 84)

성탄절 밤이 되자 동네 사람들이 초와 횃불을 들고 구유가 차려진 그레치오의 동굴에 모여들었고 부제였던 성인은 복음을 노래한 후 주님의 성탄에 대해 설교하였다. 전설에 따르면 그 때 말구유에 아기 예수가 누워 있었는데 그 아기를 프란치스코가 다가가 깨웠다고 한다.

구유의 고향답게 이곳에는 세계 여러 나라의 구유가 전시되어 있는데 그중에는 닥종이 인형으로 만들어진 우리 식 구유도 있다. 전시장 입구에는 전통적인 모습의 구유가 있다. 성모 영보, 목동들에게 나타난 천사들, 이집트로 피난하는 성가정, 무죄한 어린이들의 죽임과 같은 성탄 전후의 이야기들도 함께 꾸며져 있는데 조명이 차례로 그 장면 들을 비추어 예수님의 탄생이 단순히 그분의 태어남만은 아니라는 것을 이야기해 준다.

붉은 빛 아래 드러나는 무죄한 어린이들의 살해 장면에 눈길이 오래 머문다. 사나운 표정의 군인이 한 손으로는 넘어진 어머니 품속의 아이를 거머잡고 다른 손으로는 칼을 겨누고 있다. 생명은 죽음이 기다리는 땅에 온다. 그리고 생명은, 하느님은 그 모든 위협과 공포, 고통을 사신다. 교회는 성탄 팔부 축제 중에 무죄한 어린이들의 순교를 기념하지만 그것이 단지 이천 년 전만의 일일까.

나는 죽었어요, 백 명의 사람들과 함께.
나는 죽었어요. 어린 아이인 나는
굴뚝을 지나 바람 속에,
지금 바람 속에 있어요.

아우슈비츠엔 흰 눈이 덮였고
겨울의 추운 날
연기가 천천히 하늘로 올라요.
지금 나는 바람 속에
바람 속에 있어요.

아우슈비츠엔 수많은 사람들,
그러나 거대한 침묵만이 떠돌고
이상도 하지요,
이 바람 속에서도 나는
아직 웃을 수가 없어요.

아직 웃을 수가 없어요.

나는 알고 싶어요,
사람이 어떻게 제 형제를 죽일 수가 있을까.
우리는 수백 만
여기 바람 속에 먼지가 되어
먼지로 날고 있어요.

대포의 굉음 다시 울리고
야수 같은 인간의 마음
아직도 피에 굶주려
다시 우리를 바람 속으로 날려 보내요.
다시 우리를 날려 보내요.

나는 알고 싶어요.
언제나 사람들은 배우게 될까,
형제를 죽이지 않고 사는 법을.
그리고 바람은 언제나 편히 쉬게 될까.
바람은 언제나 편히 쉬게 될까.

이탈리아의 록 밴드 노마디nomadi가 부른 바람 속 아이의 노래La

▲ 무죄한 어린이들의 죽음. 오른쪽 위로 희미하게 예수 성탄 장면이 보인다.

canzone del bambino nel vento'다. 복음서에 따르면 예수님이 태어나던 무렵 헤로데는 베들레헴과 그 일대의 두 살 아래 아이들을 모두 죽여 버렸다. 세상의 왕이 태어났다는 동방 박사들 이야기를 듣고 왕좌를 잃을까 두려워 저지른 일이었다. 아우슈비츠든 중동이든 아시아, 아메리카, 아프리카 어느 곳이든 사람이 사는 땅에서는 마찬가지다. 권력과 재물, 힘을 탐하는 이들은 어디서나 제 가진 것을 잃을까 두려워 폭력을 휘두른다. 그리고 가난하고 힘없는 이들, 복음서에서 하늘 나라의 주인이라고 말하는 어린이와 같은 사람들이 제일 먼저 고통을 받고 죽임을 당한다. 우리가 사는 땅과 산, 바다에도 '바람 속 아이의 노래'가 얼마나 많이 숨어 있는가. 우리 근대사와 현대사를 들여다보면, 아니 당장 매일의 신문 속에서도 인간들이 저지르는 무서운 죄에 전율하게 된다.

생명이 태어나는 것은 하느님의 희망이 계속되고 있다는 뜻이지만 그러나 그 생명은 우리에게 맡겨져 있다. 내 안에, 우리 안에 태어나시는 하느님을 돌보는 일이 바로 이 손에 맡겨져 있다. 그레치오의 동굴 속, 첫 구유 앞에서 아기 예수를 안아 든 프란치스코 성인의 마음속 생각이 이와 같지 않았을까.

▲
그레치오에서 아기 예수를 받아 안은 프란치스코.

▲
폰테 콜롬보 수도원.

하느님의 법,
인간의 법

-폰테 콜롬보

아침을 먹고 민박집을 나선 길. 폰테 콜롬보Fonte colombo에 가려면 버스를 타야 하는데 표 파는 곳이 없다. 난감하다. 버스 정류장에서 기다리다가 기사에게 사정 이야기를 했더니 우선 차에 타란다. 그러더니 다음 정류장에 도착하자 저쪽 까페에 가서 알아보라는 것이다. 카페에서 버스표를 같이 판다는데 하필 거기도 표가 없다. 그렇게 두어 군데 찾아보았지만 허사, 결국 목적지에 도착해 버렸다. "할 수 없네. 나중에 버스표 사서 처리해요." 선글라스를 낀 멋진 버스 기사가 우리를 내려 주면서 말했다.

"음, 이탈리아에서는 버스 기사도 멋있단 말이야!"

짐짓 감탄을 했지만 선글라스 낀 외모보다 멋있는 것은 사람에 대한 이네들의 믿음이다. 표 없이 버스를 탈 수 없는 것이 규칙이라면 사람을 믿어야 한다는 것은 더 큰 규칙인 것이다. 규칙은 결국 사람을 위한 것이고 누구나 믿음에는 믿음으로 응답한다는 것이 이네들의 사고방식 아닌가 싶다. 사람에 대한 믿음이 각박해지는 곳에서는 점점 더 규칙과 법을 따지게 되지만 그런 곳일수록 살기 좋은 곳은 못 되는 것이다.

폰테 콜롬보 성지는 해발 549미터쯤 되는, 참나무가 울창한 산 속에 자리하고 있다. 이 산의 본래 이름은 라이니에로Rainiero산이었는데 1217년 이곳에 왔던 성인이 지금의 이름으로 바꾸어 불렀단다. 성인은 산에 오르다 아마 목이 말랐던 게지. 그 참에 맑은 샘물을 발견했는데 하얀 비둘기들이 거기에 와서 목을 축이고 있었던 모양이다. 폰테 콜롬보는 '비둘기의 샘'이라는 뜻이다.

이곳은 프란치스코 성인이 작은 형제들의 규칙서를 기록한 장소로 유명한데 '프란치스칸들의 시나이'라고 불리기도 한다. 모세가 십계명을 받은 시나이 산에 빗대어 프란치스코회원들의 규칙서가 탄생한 이곳을 그렇게 부르는 것이다. 그것이 1223년의 일이니까 성인이 세상을 떠나기 3년 전의 일이다. 세월이 흐르면서 회원들이 점점 더 많아지고 학식 있는 형제들을 중심으로 규칙이 필요하다는 목소리가 높아지자 프란치스코는 괴로워한다. 규칙이라면 복음서로 충분하지 않느냐는 것이 그의 생각이었지만 이를 받아들이지 않는 형제들이 많았다. 사랑이 있으면 충분하다고 여기는 사람도 있지만 사랑만으로 다 되는 건 아니라고 믿는 이들도 있는 법이다.

▲
폰테 콜롬보 동굴의 십자가. 프란치스코가 여기서 기도했다고 한다.

▲
천사로부터 회칙을 받는 프란치스코.

그 옛날 프란치스코가 이곳에 왔을 때는 막달레나 경당이라고 부르는 작은 성당과 1225년 눈병을 치료한 작은 건물뿐이었다고 하는데 지금은 프란치스코와 시에나의 베르나르디노Bernardino di Siena성인에게 봉헌된 성당과 수도원 건물이 순례자를 맞는다. 성당 내부 왼쪽 벽에는 수도회 규칙을 기록하는 프란치스코의 모습을 담은 나무 조각품이 걸려 있다. 1223년 성인은 레오 형제와 교회법을 잘 아는 다른 형제와 함께 이곳에 온다. 40일 간 바위 동굴에서 기도와 단식을 한 다음 회칙을 레오 형제에게 구술했는데 전설에 따르면 예수님이 성인에게 나타나 회칙을 일러 주었다고 한다. 시나이 산에서 십계명 판을 받은 모세처럼 프란치스코도 하느님으로부터 회칙을 받았다는 얘기다. 그때 예수님이 나타난 나무가 동굴 근처에 있었는데 1622년 폭설 때문에 등걸이 부러지고 말았다. 지금도 보존되어 있는 그루터기는 순례자들이 던져 넣은 쪽지들로 빼곡하다. 각자 하느님께 바라는 것들을 적어 넣은 기도 쪽지다. 이 그루터기의 몸통이었던 나무를 다듬어 당시 장면을 새긴 것이 지금 성당에 있는 이 작품이라고 한다.

"작은 형제들의 회칙과 삶은 이것이다. 즉 아무것도 소유함 없이 정결과 순명을 살면서 우리 주님 예수 그리스도의 거룩한 복음을 지키는 것이다."

바위 동굴에 잇대어 세워진 성 미카엘 기도소에 이런 말씀이 새겨 있다. '아무것도 소유함 없이 정결과 순명으로 복음을 사는 것.' 작은 형제들의 삶이 이렇게 무서우리만큼 단순하게 요약된다. 보이는 것은 보이지 않는 것에 의지하는 법이며 보이지 않는 것, 가령 사랑이나 믿음이나 선의 같은 것들은 소유하지 않는 빈 마음에 깃드는 법이다. 복음서 말고 따로 규칙을 만들고 싶어 하지 않았던 성인의 마음은 바로 그런 것이었으리라. 말이 많아지고 글이 길어질수록 사람이 숨 쉴 공간은 줄어드는 거니까. 그러나 이 단순한 진리를 잊으면 사람은 보이는 것만 찾으며 살게 된다. 내가 떠나온 도시의 높은 건물과 도로와 차들, 풍족한 살림살이를 생각한다. 그것들을 지탱하는 것은 도로교통법이니 건축법이니 헌법이니 하는 것들이지만 정작 그것들은 사람들의 선의라는 바탕 위에 서 있는 것이다. 내가 사는 나라는 믿음이라든가 사랑, 선의 같은 것을 믿지 않는 사람들이 많아지면서 점점 삭막한 곳이 되어 가고 있다. 어쩌면 법조차 법 노릇을 못하고 재력과 권력, 무력이 이미 법 노릇을 하고 있는 것인지도 모르겠다.

답답한 마음으로 동굴과 맞닿은 성 미카엘 기도소에 들어간다. 더할 나위 없이 단출한 제대와 동굴이 순례자의 마음을 사로잡는다. 동굴 안에는 나무로 된 십자가가 하나 놓여 있어서 여기가 성인이 앉아 기도했던 곳인가, 짐작케 한다.

성 프란치스코가 작은 형제들이 어떻게 살아야 할지 주님께 들었던 곳. 무릎을 꿇고 잠시 머문다. '주님, 제가 사는 곳에서는 사람들이 보이는 것만 찾아 살고 있습니다... 더 높이 더 빨리 더 편하게 더 풍족하게 사느라 이웃들은 안중에도 없는 것 같습니다...'

이곳을 떠나 리에티로 가는 길은 3킬로미터가 넘는 산길이다. 그런데도 한참을 여기서 머뭇거리는 것은 보이는 모든 것을 지탱하시는 그 분, 하느님 곁에 조금이라도 더 머물고 싶은 순례자의 마음 때문.

여행자
프란치스코

-리에티 가는 길

리에티로 방향을 잡고 내려간다. 만년에 프란치스코는 눈병 치료를 위해 리에티에 머문 적이 있다. 몸을 도무지 돌보려고 하지 않는 그를 총봉사자 엘리야가 강권하여 용한 의사가 있는 리에티로 오게 되었다고 한다. 리에티 근처의 은둔소에 머물면서 눈병을 치료했다는 기록이 있는데 그 은둔소는 아마 폰테 콜롬보를 가리키는 것 같다. 폰테 콜롬보에는 프란치스코가 눈병을 치료한 장소가 보존되어 있다. 그렇다면 성인도 우리가 지금 내려가는 이 길을 다녔으리라. 눈이 거의 멀다시피 한 성인이 나귀에 의지하여 다녔을 길을 우리도 따라간다. 고요하지만 생기가 느껴지는 아름다운 길이다.

그는 사방으로 넓은 지역을 여행하면서 마음속에 깃들어 있는 간절하고 헌신적이며 열성적인 정신으로 어디에서나 하느님 말씀의 씨를 뿌렸다. 그는 온 세상을 그리스도의 복음으로 채웠고 그러기 위해서 보통 하루에 네댓 동네와 마을을 두루 다니며 누구에게나 하느님 나라를 선포하였다. 그는 말보다도 표양으로 듣는 이들을 감화시켰고 온몸이 혀로 변하여 말을 하였다.(제1생애, 97)

프란치스코의 전기 작가 첼라노의 토마스는 여행자 프란치스코의 모습을 이렇게 기록하고 있다. 움브리아 지방을 다녀보면 프란치스코의 이야기를 담고 있지 않은 마을이 거의 없는 것 같다. 십여 년 전 방학 때 친구의 고향인 파노Fano에 간 적 있는데 해수욕장에서 만난 이웃들이 서로 "평화와 선!"하고 인사하는 것이었다. 처음에는 어, 왜 저런 인사를? 했지만 생각해보니 그곳도 프란치스코가 늘 돌아다니며 평화를 선포하던 땅이었다. 프란치스코는 한곳에 머무르며 살던 중세의 수도승들과 달리 이곳저곳을 부지런히 다니며 하느님 나라를 선포했던 탁발수도사였다. 길을 걸으며 사람들의 호의에 의지하고 하느님의 사랑을 선포하는 작은 형제다. '탁발수도사'라 하면 그럴 듯해 보이지만 사실 '거지수도사'가 아닌가. 내가 아는 프란치스코회 수사님 말로는 요즘도 프란치스칸들은 '탁발'의 체험을 한다는데 정해진 장소까지 돈 없이 여행하도록 하는 그런 체험인 모양이다. 그 수사님도 별 수 없이 지하철역에서 여비를 청해야 했는데 그때 돈을 주던 어느 중학생이 지금도 잊히지 않는다고 한다. 한심하다는 눈빛으로 "그렇게 살지 마세요." 그랬단다.

산길이 끝나고 리에티로 이어진 도로를 만났다. 점심때가 되어 근처 가게에서 빵 몇 개와 매운 살라메를 샀다. 계속 싱거운 여기 음식들만 먹다 보면 뱃속에서 좀 매운 걸 달라고 아우성을 치는 게 우리네 식성이다. 마침 고추를 넣어서 만든 빨간 살라메가 있어 그걸 샀다. 3유로어치 고추 소시지와 4유로어치 빵이 오늘 점심이다. 열기 내뿜는 아스팔트길을 지중해의 쨍쨍한 햇살 맞으며 걸으려면 방비를 좀 해 두어야 한다.

파노에서는 방학 때 열흘 간 연피정을 하기도 했었다. 프란치스코회 수녀님들이 운영하는 피정집이 있었는데 피정집 성당 벽화가 특별했다. 천국에서 프란치스코 성인이 세상에 밧줄을 내려주는 그림이었다. 사람들이 그 밧줄을 잡고 하늘로 오르는 그림. 어떤 사람들은 열심히 그 밧줄을 잡으려 하지만 어떤 사람들은 외면한다. 세상에 '평화와 선'을 선포하는 것은 세상 사람들의 영혼을 구원하려는 프란치스코의 사랑이라는 것을 보여주는 그림이었다.

우리 피정 프로그램에는 닷새째 되는 날에 '사막 체험'이라는 것이 있다. 아침 일찍 미사 끝나고 물만 챙겨 나가서 하루 종일 혼자 머무는 프로그램인데 그날은 종일 굶게 된다. 나도 물만 한 병 챙겨서 마음 내키는 길을 선택해 나갔는데 마치 너른 바다에 수많은 파도가 치듯이 야트막한 구릉지가 끝없이 펼쳐져 있고 곳곳에 과수원들과

▲
순례자 프란치스코.

농가들이 드문드문 자리 잡고 있는 아름다운 곳이었다. 묵상에 잠겨 혼자 돌아다니는데 오후가 되자 배가 고팠다. 먹을 것은 없고 배는 고프고 말해서는 안 되는 침묵 피정 중. 마침 그때 나는 배나무 과수원을 지나가는 중이었다. 조롱박 모양의 배들이 여기저기 떨어져 있었다. 이탈리아에는 우리의 나주 배 같은 배는 없고 조그만 조롱박 모양의 배만 있다. 사실을 말하자면 맛도 별로다. 하지만 되게 배가 고팠기 때문에 배를 주워 먹었다. '둘째 아들은 먹을 것이 없었기 때문에 땅에 떨어진 배나무 열매로라도 배를 채우려고 했다.' 돌아온 탕자 이야기 속 둘째 아들이 된 기분이었다. 그때 속으로 다짐했다. '한국 가면 제일 먼저 비빔밥을 사 먹어야지! 참기름 치고 고추장 듬뿍 넣어 비벼가지고!' 그래서 한국에 돌아왔을 때 사 먹었을까? 아니. 잊어 버렸다. 우리에게 간절한 것들, 때로 허기로 때로는 다른 모습으로 나타나는 것들도 그것을 끝까지 따라가면 우리 속의 깊은 갈망과 만나는 게 아닐까 싶다. 그것은 구원에 대한 갈망, 사랑에 대한 갈망이다. 그리고 그 갈망을 따라 충실히 걷는 사람은 어느 순간 이웃에게 구원을 가져다주고 싶은 갈망을 느끼게 된다.

"...영혼들의 구원을 간절히 바란 그는 이웃의 영신적 성장을 갈망한 나머지 걸을 수 없을 때는 나귀를 타고 두루 돌아다녔다."(제 1생애, 98)

프란치스코가 걷던 길을 우리도 걷고 있다. 햇살은 따갑고 길은 멀고... "길은 길어서 길이구나!" 푸념을 하는데 해바라기밭이 나타난다. 끝없이 펼쳐진 해바라기밭, 따가운 햇살, 함께 걷는 나무 수사님의 터벅터벅 발소리. 7월의 햇살 아래 작은 씨앗들을 익혀가는 해바라기들 얼굴 하나하나가 마치 성 프란치스코가 복음을 선포하려고 찾아다니던 세상 사람들 얼굴 같다는 생각이 든다.

▲
리에티 가는 길의 해바라기밭.

▲
포지오 부스토네의 거룩한 동굴 sacro speco.

용서의 동굴

-포지오 부스토네(1)

리에티에서 버스를 탔다. 코트랄Cotral이라는 푸른색의 시외 노선 버스다. 아무래도 걱정이 되어 버스를 타면서 기사 분에게 "포지오 부스토네 가는데 어디서 내려야 할지 몰라요" 그랬더니 "걱정 말아요. 우리가 챙겨줄 테니!" 하는 소리가 이구동성으로 울린다. 앞에 타고 있는 승객들의 합창이다. 친절하고 인간미 넘치는 여기 사람들 모습에 나무 수사와 얼굴을 마주보고 웃었다. 이탈리아 사람들은 친해지면 시쳇말로 '간이라도 빼 줄 것 같이' 다정해지는데 우리 모습과도 많이 닮아서인가, 이런 때에는 유쾌한 정이 느껴진다. 물론 가끔 과하다 싶은 때도 있지만. 우리가 탄 버스에도 운전기사 위편에 "기사에게 말 걸지 마시오"라는 말이 적혀 있다. 기사가 앞자리 승객과 말을 나누느라 정신을 팔다가 교통사고라도 났던 게다.

우리가 가는 곳은 포지오 부스토네Poggio Bustone. 프란치스코 성인이 평화를 선포하기 시작한 곳이라 프란치스칸 선교의 출발점으로 여겨지는 곳이다. 성인이 자기 죄에 대한 용서에 확신을 얻은 곳이기에 용서의 장소로 여겨지기도 한다.

> 하루는 그에게 내려 주시는 하느님의 은혜와 자비하심에 놀라면서 주께 간구하기를 자기 자신 및 형제들이 살아갈 길을 보여주시기를 소원하였다. 그는 자주 그랬듯이 기도할 곳을 찾아내었다. 그리고 온 세상의 주님 앞에 두렵고 떨리는 마음으로 머물렀다. "오 하느님, 죄 많은 저에게 자비를 베풀어 주소서" 하는 말을 수없이 되풀이하면서 비참하게 보낸 지난 여러 해를 생각하고 마음 아파하였다('제1생애', 26).

여기 성인의 일화에 나오는 '죄'라는 말은 부끄러움을 떠오르게 한다. 도둑질을 했다거나 간음을 했다는 식의 구체적인 것 말고 내가 나를 볼 때 느끼는 감정 같은 것 말이다. 절대자 앞에 선 인간은 자신의 모습에 부끄러움을 느낀다. 그분 앞에서 합당하지 못하다는 생각, 자신이 맞갖지 못하다는 느낌을 갖기 때문이다. 부끄러움은 인간이 갖는 가장 근본적인 감정 가운데 하나다. 아담과 하와가 문득 하느님의 시선을 느끼고 무화과나무 잎을 엮어 몸을 가린 것처럼. 그런 면에서 부끄러움은 자신이 깃들어 있는 몸에 대한 감정 같은 것이 아닐까. 하느님께 다가가기에는 너무 무거운 나의 몸에 대한 감정 같은 것, 정신을 배반하게 하는 몸에 대한 감정 같은 것 말이다.

회심한 초기에 프란치스코는 다미아노 성당을 밝힐 등잔의 기름을 구걸하러 다닌다. 그러다 옛 친구들이 모여 노는 집 앞을 지나게 되었는데 순간 부끄러워져서 그곳을 피한다. 그러나 프란치스코는 뉘우치고 다시 몸을 돌려 그들에게 제 속에 일던 감정을 고백하고 기름을 구걸하여 얻었다는 얘기다. 부끄러움을 느꼈다는 것은 자기 안에 머무르고 있었다는 뜻이다. 제 속에서 일어난 인간적인 일을 고백하고 구걸을 계속했다는 것은 자기를 벗어났다는 뜻이다. 회심 이후에도 성인의 마음 안에서 이런 일들이 일어났다는 얘기를 듣는 것은 얼마나 위안이 되는지!

이런저런 생각을 하는 동안 버스는 야고보 성당 앞 정류장에 도착했다. 경사가 상당히 급한 중턱에 포지오 부스토네 마을이 있고 그 제일 위쪽에 성 야고보 성당이 있는데 이 성당은 성 야고보 수도원과 붙어 있다. 우리는 먼저 성인이 기도했다는 위쪽의 동굴에 오르기로 했다. 포지오 부스토네 산 위 동굴에서 자기 죄를 아파하며 기도하던 프란치스코는 어떻게 되었을까.

> 그랬더니 차츰 말로 다할 수 없는 어떤 즐거움과 대단히 큰 감미로움이 마음 깊은 곳에 넘쳐흐르기 시작했다. 그는 자기 자신으로부터 초연해지기 시작했다. 그리고 자기 마음 안에 죄의 두

려움으로 말미암아 자신을 억누르던 어둠이 밀려남에 따라서 그의 모든 죄를 용서받을 수 있으리라는 확신과, 은총으로 다시 나아갈 수 있으리라는 자신감이 보이는 것이었다('제1생애', 26).

내가 왜 여기 있는지, 내가 누구인지에 대한 답을 자신에게서 구하는 사람은 부끄러움을 벗어날 길이 없다. 아침에도 한낮에도 저녁에도 문득 문득 자신의 한계를 마주할 것이기 때문이다. 그러므로 말하다가도 말꼬리를 흐릴 때가 있을 것이고 행동에도 자신 없는 모습을 숨길 수가 없으리라. 유럽 언어에서 '용서하다'는 말은 '주기 위해서'라는 뜻을 갖고 있다. 영어(forgive), 불어(pardon)의 말뜻이 그러한데, 말하자면 용서는 '주기 위해서' 하는 거라는 얘기다. 그런데 뭘 준다는 걸까. 자신을 준다는 것이다. 스스로가 부끄럽고 자신이 없는 사람은 남에게 자신을 줄 수 없다. 나에게도 좋지 않은 것을 남에게 줄 수는 없는 일. 그러나 하느님에게 용서받았다는 걸 아는 사람, 내가 하느님의 자비를 입어 여기 있다는 것을 느끼는 사람은 자유롭게 사랑할 수 있다. 내가 먼저 하느님의 용서를 받은 사람이므로 다른 사람을 용서할 수 있다는 이야기.

프란치스코는 이곳에서 자신이 하느님의 자비를 입은 사람이라는 확신을 얻었다. 그래서 세상에 나가 복음을 선포하기 시작한다. '나는 약하고 가난하지만 내가 여기 있는 이유가 있다. 나는 하느님의 뜻을 따르는 사람이다'라는 깨달음이 포지오 부스토네의 동굴 속

▲
"우리는 자비를 입은 하느님 자녀다." 포지오 부스토네 산 위에서 울리는 종.

에서 그를 찾아왔던 것이다.

산 위 동굴에 들어서자 누가 붙여놓은 글귀가 눈에 뜨인다.

> 이 '거룩한 동굴'에서 성 프란치스코 사부께서는 긴 통회와 기도 끝에 첫째, 세상에서 행할 사도적 사명에 대한 확인을 받았고 둘째, 그의 죄에 대한 용서를 얻었으며 셋째, 그의 형제들이 크게 불어나리라는 계시를 받았다.
> 오 경건한 마음으로 이 거룩한 동굴을 찾아온 순례자여, 하느님의 자비를 얻으리라는 희망을 맘속에 품기 전에는 이곳을 떠나지 말아라.

우리는 올라오기 전에 들은 대로 밖에 나가 종을 치기 시작했다. 함께 오지 못한 사랑하는 사람들을 기억하며 울리는 종이다. 우리는 더 이상 부끄럽지 않다고, 우리 또한 하느님의 뜻을 행하기 위해 부름 받은 자비를 입은 사람들이라고.

시인과 나귀

-포지오 부스토네(2)

천천히 산을 내려와 성 야고보 성당 앞 광장에서 쉰다. 우리가 올라갔던 은수처는 해발 1,019미터 되는 위치고 이곳 마을과 성당은 해발 750미터쯤 되는 곳에 자리하고 있어 아래쪽 평원과 근처 산들이 훤히 내려다보인다. 나무 수사와 지친 다리를 주무르며 이야기를 나누고 있는데 건장한 영감님 한 분이 다가왔다. 우리가 프란치스코 성지를 찾은 순례자들이라고 하자 반색하며 직접 쓴 시를 한 편 보여준다. 어느 비오는 날 차를 몰고 여기 광장에 와 산 위 프란치스코의 은수처를 바라보다가 영감이 떠올라 지은 시란다. 어렸을 때 할아버지들에게 들은 이야기들이 시를 쓰는 데 도움이 되었다고. 아, 그렇지. 이분의 아버지, 아버지의 아버지들을 거슬러 올라가면 언젠가 여기서 프란치스코를 만났던 사람들에게까지 이르겠구나.

여기 광장에서 검푸르게 빛나는
산 위 바위를 바라본다.

▲ 포지오 부스토네의 성 야고보 수도원

그 아래엔 가난한 이들과 외투를 나눠 입었던
가난뱅이 은수자의 작은 경당이 있고
거기 1209년 포지오 부스토네에 온 프란치스코가 있다.

안녕하세요. 선한 사람들이여.
그 아침에 그는 말했다.
빵 한 조각과 포도주를 조금 주세요.
그는 제 운명을 따라 산으로 가기 위해
맨발로 천천히 마을을 가로질렀다.

험한 언덕 사이로 난
작은 길을 걷고
지치고 힘들 때마다 바위 위에서 쉬었다.
어깨 위에는 작은 보따리 매달린
지팡이 하나…

 시의 제목은 '포지오 부스토네의 성 프란치스코에게 바치는 시'Poesia a S. Francesco di Poggio Bustone다. 피에트로는 이 시로 상을 탔단다. 종교시 부문 3등이라 적힌 상장에는 "시인은 성 프란치스코가 포지오 부스토네에 도착한 일을 단순하고 생기 있게 묘사하고 있다"라는 심사위원 총평이 적혀 있다. 올해 여든이라는 피에트로는 젊었

▲ 포지오 부스토네의 산.

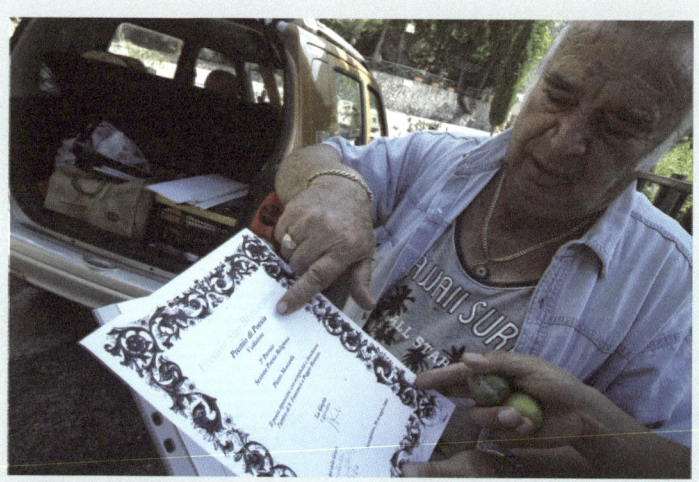

▲ 포지오 부스토네의 시인 피애트로.

을 때 트럭 운전 일을 했었단다. 사이클과 권투가 취미일 정도로 건장한 영감님인데 한국에 돌아가면 꼭 엽서를 보내달라고 하시는 걸 보면 마음은 퍽 여린 분이구나 싶다. 돌아가면 엽서를 꼭 보내드려야지. 이탈리아에서는 시인 대회가 여기저기에서 개최되는 모양이다. 얼마 전 아시시에서도 시인 대회에 참석하려고 북쪽에서 온 농부 부부를 만난 적이 있다. 시인 대회는 우리 식으로 하면 백일장 같은 것인데 그런 모임이 학생 들 뿐 아니라 나이와 계층을 불문하고 열린다는 것이 신선했다. 농부와 트럭 운전수가 같이 참여하는 백일장이라니. 생각만 해도 멋있다. 우리나라에도 그런 시인대회가 있다면 참 좋을 텐데.

성 야고보수도원은 성당과 바로 접하고 있는데 1217년 성 프란치스코가 세운 곳이다. 안으로 들어가니 성인의 생애가 그려진 프레스코화들이 눈길을 끈다. 그 중에는 육욕을 이기기 위해 성인이 가시덤불에서 알몸으로 구르고 있는 그림도 있다. 육의 욕정을 이기기 위해 가시덤불에 뒹구는 이야기는 베네딕토 성인의 생애에도 나온다. 로마 근교의 수비아꼬에 있는 사끄로 스페꼬 수도원Monastero Sacro speco(거룩한 동굴이라는 뜻)에 가면 베네딕토 성인이 가시덤불에 뒹구는 프레스코화가 있다. 재미있는 것은 그곳 수도원에 프란치스코 성인을 그린 프레스코화가 있다는 것이다. 후광도 오상도 없는 모습이라 성인이 오상을 받기 전의 모습을 그린 것으로 짐작되는데 암벽에 잇대어 지은 수도원 건물을 따라 아래로 내려가면 1224년 프란치스코 성인이 수비아꼬에 왔을 때 옮겨 심었다는 장미도 볼 수 있다. 성인이 육욕과 싸우다가 가시덤불에 몸을 던졌는데 그 뒤로 그 덤불에서는 가시가 사라졌다는, 아시시 천사들의 성 마리아 성당에서 볼 수 있는 그 장미다. 육을 거슬러 싸우는 성인의 모습이 눈물겹다.

나귀 형제, 프란치스코는 자기 몸을 이렇게 불렀다. 도무지 말을 듣지 않고 고집을 피우는 형제다. 젊은 시절 단식과 밤샘, 고행으로 나귀 형제를 혹독하게 다루었기에 만년에 프란치스코의 나귀 형제는 몹시 약해졌다. 결국 실명에 이르게 된 그의 몸, 힘들게 한 세상 그를 태우고 온 나귀 형제를 프란치스코는 안쓰럽게 여겼지만 이미 그 형제는 몹시 지쳐 있었다. 육신은 영혼을 태우고 가는 나귀, 때로 고집을 피우고 때로 힘들어 하더라도 너그럽게 받아주고 달랠 일이다.

광장으로 다시 나오니 나귀들이 또각또각, 나뭇짐을 잔뜩 등에 지고 산길을 내려오고 있었다. 맨 앞에서 나무꾼이 이끄는 대로 무거운 짐을 지고 묵묵히 걸어가는 나귀들. 당나귀들을 무척 사랑했던 어느 시인이 생각난다.

주여, 당신은 사람들 가운데로 나를 부르셨습니다.
자, 내가 여기 있나이다.

▲
포지오 부스토네 산길에서 만난 당나귀.

나는 괴로워하고 사랑하나이다.
나는 당신이 주신 목소리로 말했고
당신이 우리 어머니, 아버지에게 가르쳐 주시고
또 그들이 내게 전해준 말로 글을 썼습니다.
나는 지금 장난꾸러기들의 조롱을 받으며
고개를 숙이는 무거운 짐을 진 당나귀처럼
길을 가고 있습니다.
당신이 원하시는 때에
당신이 원하시는 곳으로
나는 가겠나이다.
삼종三鐘의 종소리가 웁니다.

프랑시스 잠 Francis Jammes

노래가
익어가는 길

-포레스타

점심을 먹고 길을 나섰다. 오늘 가는 곳은 포레스타Foresta, '포레스타의 성모 마리아'라고 부르는 곳이지만 보통 줄여서 포레스타라고 한다. 포레스타는 '숲'이라는 뜻이니 우리 식으로 하면 '숲 속의 성모 마리아' 정도로 옮길 수 있겠다. 1225년 작은 형제들의 보호자였던 우골리노 추기경의 주선으로 프란치스코는 리에티에 와서 휴양을 하게 된다. 성인의 건강이 극도로 나빠져 많은 이들이 걱정을 하던 참이었다. 성인은 네 사람의 동료와 길을 나섰지만 리에티 가까이에 이르렀을 때 사람들이 대대적으로 자신을 환영하려는 낌새를 알아차리고 포레스타의 조그만 성당으로 피신한다. 그곳에 의탁하여 50일 정도 머물면서 눈 수술을 받을 기회를 기다리기로 했던 것이다.

리에티에서 포레스타까지는 5.1킬로미터의 거리다. 그것도 아스팔트 길. 이름이 숲이라 호젓한 산길을 상상하며 나섰더니 웬걸 내

▲ 눈 수술을 받기 위해 폰테 콜롬보로 인도되어 가는 성 프란치스코
S. Francesco è condotto a Fontecolombo per subire l'operazione agli occhi

내 아스팔트다. 산다는 것은 지도 없이 걷는 길이고 악보 없이 부르는 노래인지도 모르겠다. 나는 악보맹. 악보를 볼 줄 모른다. 그래도 좋아하는 노래가 생기면 부르고 싶다. 악보를 모르는 사람은 어떻게 노래를 배울까. 다른 방법이 없다. 자꾸 들으면서 가락을 외우는 수밖에.

포레스타 입구에 오니 프란치스코를 그린 큰 타일 작품이 있다. 눈병 치료를 받으러 가는 성인의 모습이다. 이미 앞을 볼 수가 없어 나귀에 태워진 성인이 형제들의 인도를 받아 리에티로 가는 중이다. 그러나 성인은 무엇이 그리 기쁜지 두 팔을 쳐들고 노래를 부른다. 이곳 포레스타는 찬미의 성지라고도 하는데 '태양의 찬가'를 지은 곳이 여기라고 보는 이들이 있기 때문이다. 사람들에 따라서는 아시시의 산 다미아노 성당에서 지었다고 하기도 하고 아시시의 주교관에서 지었다고 주장하기도 하지만 지은 곳이 무에 대수랴. 성인에게는 모든 곳이 피조물의 기쁨으로 가득 차 있었던 것을. 포레스타 성지의 성당 가까이에는 '태양의 찬가'를 노래하는 프란치스코와 제자들의 석상이 세워져 있다.

> 비할 데 없이 높고 전능하시고 선하신 주님이시여!
> 찬미와 영광과 명예와 축복이 모두 당신 것이오니
> 이것들은 모두 당신께로 돌아가야 하는 것.

진실로 당신의 이름을 부르기에 어울리는 자
세상에 단 한 사람도 없어.

인하여 찬미 받으소서, 내 주님.
온갖 피조물 가운데
그 중에서도 내 형제인 태양 안에서.
태양은 낮을 만들고 주님에 의하여 우리를 비추나니
그는 그 얼마나 아름다우며
그 얼마나 크나큰 광휘를 발하고 있는가
참으로 높으신 주님이시여!
그는 당신 소식을 예고하나니.
찬미 받으소서, 내 주님
자매인 달과 무수한 별로 하여.
빛도 밝고 고귀하고 아름답게 해 주셨거니.

찬양하라, 내 주를
형제인 바람 가운데,
또한 공기와 구름과 맑게 갠 하늘과
당신의 피조물 온갖 것을 떠받치는 일체의 날씨 가운데.

찬미 받으소서, 내 주님

▲
형제인 불과 자매인 물

자매인 물로 하여.

물은 이롭고 겸손하며 고귀하고 맑은 것.

소리 높여 찬양하라, 내 주를.

형제인 불로 하여, 당신은 이 형제로

밤을 밝혀 주시나니

불은 지극히 아름답고 즐거우며 힘세며 늠름하여라.

찬미 받으소서, 내 주님

우리들의 자매, 어머니인 땅으로서,

땅은 우리를 기르고 가르치며

무수한 과실과 색색의 풀과 꽃을 낳게 하나니.

오오 찬양하라, 내 주를

당신에의 사랑을 위해 서로 용서하고

병과 고통을 참는 자로 하여.

행복하여라.

끝까지 평안하게 참아내는 자,

그들은 당신으로부터

지극히 높으신 분, 당신으로부터

영원의 관을 받으리라.

찬양하라, 내 주를

자매인 육체의 죽음으로 하여,

살아있는 자 그 누구도
그 자매로부터 도망치지 못하리.

죄 가운데서 죽는 자 지극히 두려우며
당신의 거룩한 뜻 안에 머무는 자들
그 얼마나 큰 기쁨이랴.
두 번째 죽음도 마침내
그들을 해치지는 못하리.

오오, 주를 찬미하고 찬양하라.
주께 감사하고 주를 섬기라.
겸손하고 그리고 엄숙하게.

　　프란치스코의 전기를 보면 성인이 세상 만물을 형제, 자매라 부르며 사랑하고 돌보는 이야기가 자주 나온다. 어린 양, 토끼, 제비, 꿩, 물고기, 심지어 구더기까지. 구더기는 좀 그렇지 않느냐고? 그의 첫 전기 작가에 따르면 성인은 구더기를 보면 길에서 집어 들고 행인들 발에 밟히지 않게 안전한 곳으로 옮겨 주었다고 한다. "나는 사람도 아닌 구더기"라는 시편 구절(22,6)에서 주님에 대한 말씀을 떠올렸기 때문이다. 프란치스코는 모든 것에서 하느님의 얼굴을 보는 사람이었던 것이다. 그러므로 교황 프란치스코가 2015년 6월에 반포한 환경에 대한 회칙이 '태양의 찬가'의 한 구절로 시작하는 것은 당연한 일인 것 같기도 하다.

> "찬미 받으소서, 내 주님." 성 프란치스코는 노래했습니다.
> 이 아름다운 노래에서 성인은 우리의 공통되는 집이 우리가 존재를 나누고 있는 누이와도 같으며 당신 팔로 우리를 품으시는 아름다운 어머니와도 같다는 사실을 상기시킵니다. "찬미 받으소서, 내 주님. 우리들의 자매, 어머니인 땅으로서, 땅은 우리를 기르고 가르치며 무수한 과실과 색색의 풀과 꽃을 낳게 하나니."
> (교황 프란치스코, 회칙 '찬미 받으소서', 1)

'태양의 찬가'는 '피조물의 찬가 Cantico delle creature'라고도 하는데 이탈리아어로 쓰인 첫 번째 시라고 한다. 문학사에 있어서도 중요한 작품인 셈이다. 우리에게는 "오 감미로워라, 가난한 내 맘에 한 없이 샘솟는 정결한 사랑..."하는 노래로 훨씬 친숙하다. 물론 프란치스코의 작품과 이 노래의 가사는 완전히 다르다. 이 노래는 본래 프랑코 제피렐리 Franco Zeffirelli의 영화 '형제인 태양과 누이인 달' Fratello sole sorella luna(1972)의 삽입곡인데 처음 들었을 때 무척 아름다워서 나도 배우고 싶었다. 되풀이 들으면서 곡조를 외워 부를 수 있게 되었지만 지금 생각하니 '태양의 찬가'를 배운다는 것은 성인처럼 나도 모든 것 안에서 하느님을 뵙고 찬미하기를 배운다는 뜻이겠구나 싶다.

노래를 배우긴 했지만 나는 아직 그 노래를 제대로 배우지는 못했구나. 그렇게 생각하면 노래를 배운다는 것은 어쩌면 곡조를 외운다기보다 노래하는 이의 영을 받아들이는 일인지도 모르겠다.

모르는 노래를 배우고 싶어 자꾸 들으며 외울 때는 늘 그런 일이 일어난다. 여러 번 듣고 연습해서 가락을 외울 수 있게 되면 이상하기도 하지. 그 노래가 싫증이 나고 결국 그 노래를 잊어버리는 것이다. 그러다 어느 날 문득 그 노래가 내 안에서 흘러나온다. 나의 마음을 담고 나를 담아 흘러나온다. 그것은 나의 노래다. 노래를 배울 때는 그것을 외우는 시간이 필요하고 또 그것을 잊어버리는 시간이 필요하다. 노래를 잊어버리는 시간은 노래가 머리에서부터 몸으로 스미는 시간이다. 길을 가는 시간은 몸이 일하는 시간, 나의 노래가 내 안에서 익어가는 시간이다.

Prière du temps présent

Prière du temps présent

로마

'가난한 이들이야말로 마음으로 사람들을 맞아들일 줄 아는 이들이구나. 나의 가난을 받아들이지 못하면 하느님께 가는 것도, 이웃에게 가는 것도 불가능한 거구나.' 자기 가난을 받아들일 때 우리는 다른 사람들 또한 나와 다를 바 없이 가난한 사람임을 알게 된다. 그리고 거기에서 환대가 태어난다.

▲ 라테라노대성당 정면.

사람의 집

-라테라노대성당

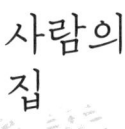

로마에서 프란치스코의 자취가 가장 뚜렷한 곳은 라테라노 대성당이다. 프란치스코는 1209년, 회규의 인준을 받기 위해 초기 동료들과 함께 이곳에 온다. 지금은 교황이 바티칸에 머물지만 당시에는 라테라노가 교황청이었던 것이다. 서기 324년 교황 실베스테르 1세에 의해 축성된 라테라노대성당은 1305년 교황청이 아비뇽으로 옮겨가기 전까지 교황이 머물던 곳이다.

성당 앞 광장에 서니 대성당의 정면이 보는 이를 압도한다. '세상과 (로마)도시 모든 교회들의 머리이자 어머니'라고 불리는 곳답다. 1209년 프란치스코가 동료들과 이곳에 올 때 교황은 인노첸시오 3세였는데 그는 강력한 교황이었다. 역사는 그가 4차 십자군을 보내 예루살렘을 정벌하게 했으며 스페인에서 무슬림을 쫓아내는 데도 관여했다고 기록하고 있다. 그는 피레네 산맥 부근에도 십자군을 보냈는데 당시 이단으로 여겨지던 카타리파 때문이었다. 카타리파는 중세에 청빈을 기치로 교회의 쇄신을 부르짖던 이들이다. 이런 상황에서 '거룩한 가난뱅이santo poverello' 프란치스코는 로마에 왔던 것이다.

> "교황님은 이 말을 듣고 심히 놀라셨다. 왜냐하면 복되신 프란치스코가 도착하기 전에, 교황님은 라테라노의 성 요한 성당이 무너져 내리는 것을 보았는데 이 볼품없고 왜소한 수도자가 자기 등을 성당 밑으로 밀어 넣어서 성당을 떠받치는 환시를 보았기 때문이다. 교황님은 깨어나셔서 의아스러워하셨고 놀라워하셨다. 신중하시고 슬기로우신 교황님은 이 환시를 숙고하였다. 그리고 며칠 안 되어 복되신 프란치스코가 교황께 와서 방문한 목적을 아뢰었던 것이다"(세 동료의 전기, 51)

대성당 안으로 들어서면 사도들의 상, 기하학적인 바닥의 무늬들, 대리석 기둥과 조각, 커다란 화폭에 그려진 성인들의 일화들, 모든 것이 크고 웅장해서 사람을 압도한다. 하지만 이 모든 것에 온기를 불어넣는 것은 살아 있는 사람이다. 수도생활을 막 시작하던 무렵 "수도회는 건물이 아니라 사람"이라는 말을 들은 적이 있다. 큰 건물, 정원, 성당... 이런 것이 중요한 것이 아니라 그 안에 사는 사람들이 중요하다는 이야기였는데 그때는 무슨 말인지 알아듣지 못했다. 사실 사람을 끌어당기는 것은 사람의 온기, 즉 사랑이다. 성당이 아무리 웅장하고 멋지더라도 거기에 사람을 사람으로 알아보는 이들이 없으면 종내 그곳은 비게 된다. 사람을 사람으로 알아보는 일이 뭐 어려울 게 있겠느냐고? 사실 그것이 말처럼 쉽지 않다. 장사꾼의 눈에는 사람들이 돈으로 보인다. 정치꾼들의 눈에는 사람들이 표로 보일 것이다. 힘을 추구하는 이의 눈에는 사람들이 자기 명령을 따르는 존재 말고 또 무엇이겠는가. 허영장이에게는 자기에게 박수치고 칭찬하는 사람들 아니면 사람이 아닌 것이다. 그들 눈에는 사람이 사람이 아니게 되지만 그러면서 그들 역시 사람의 본모습에서 멀어지게 된다.

어렸을 때 할머니께서 해 주신 이야기가 기억난다. "인수야, 호랑이는 사람을 안 잡아먹는단다." "예? 에이, 호랑이는 사람을 잡아먹잖아요!" "아가, 모르는 소리다. 호랑이는 사람을 안 먹어. 사람이라고 다 사람이 아니란다. 호랑이 속눈썹을 하나 이렇게 딱! 빼서 우리 눈에 대고 보면 다 보이는 거여. 사람 같아 보여도 저건 쥐, 저건 닭, 저건 개... 그렇단다."

어느 집이 사람 아닌 사람들로 차게 되면 더 이상 사람들은 그곳에 가지 않는다. 유럽 교회들이 텅텅 비게 된 이유가 어디 있을까? 사람들이 그곳에서 찾는 것을 얻으리라는 희망을 버려서가 아닐까? 1205년 말 프란치스코는 다미아노 성당에서 기도하다가 "무너져가는 나의 집을 일으켜 다오" 하시는 십자가 위 예수님의 말씀을 듣는

▲
라테라노대성당 앞의 프란치스코와 형제들. 1926년에 세워진 청동상이다.

다. 그리고 1209년 로마에 와 교황 인노첸시오 3세로부터 회규에 대한 구두 인준을 얻는다.

제대에서 보아 오른쪽 첫 번째 경당은 성 프란치스코에게 봉헌된 경당이다. 기도하려고 경당 가운데 앉았는데 정신 차려보니 시간이 꽤 지나있다. 깜빡 졸았던 모양. 성인이 당신 자취를 따라 순례하는 나를 당신의 경당에서 푹 쉬게 해 주셨구나. 잠깐이지만 몸이 개운해진 것 같다. 조는 동안 교황님처럼 대성당을 떠받치는 성인의 꿈이라도 꾸었다면 좋았을 것을...

대성당 앞 광장 건너편에는 1209년 회규의 승인을 얻기 위해 로마에 오는 성인과 동료들의 모습을 담은 청동상이 세워져 있다. 1926년 성인 서거 700주년을 기념하여 세워진 것이다. 지친 동료들은 주저앉아 있지만 성인은 대성당을 바라보며 두 팔을 벌리고 서있다. 이 조각상이 교황과 얼싸안고 있거나 회규의 승인을 받는 장면을 그리는 것이 아니라 교회를 바라보며 서 있다는 것이 예사롭지 않게 다가온다. 어쩌면 지금 우리가 있는 교회, 우리가 무릎 꿇고 있는 성당 밖에서 이 거룩한 '가난뱅이'는 두 팔을 벌리고 우리를 바라보고 있는 건 아닌지. 그렇게 가면 하느님의 집은 비워지며, 그렇게 가면 하느님의 집은 무너지게 된다고 외치고 있는 것은 아닌지. 같은 이름의 교황님이 지금 외치고 계시는 것처럼.

▲
예수의 작은 형제 샤를 드 푸코와 그리스도.

작은 사람아,
작은 사람아

- 트레폰타네의 작은 자매들

바오로 사도의 순교지인 트레폰타네Trefontane에는 예수의 작은 자매회가 있다. 마침 하루가 비어서 그곳에 사시는 샹탈Chantal 수녀님을 찾아가기로 했다. 유학 와서 입학 준비를 하며 이탈리아어 학원에 다닐 때 수녀님을 처음 만났다. 서른 중반을 넘긴 나이에 다른 나라 말을 새로 배우는 것은 쉬운 일이 아니었다. 한국말의 세계 속에서 살다가 다른 말로 된 세상 속으로 들어갔는데 그곳 말은 할 줄 모르는 형편, 제 앞가림을 제대로 할 수가 없으니 마치 하루아침에 바보가 된 기분이었다. 매사에 물어야 하고 도움을 청해야 하는 내 모습을 받아들이기가 어려웠다. 급한 마음에 빨리 말을 배우고 싶지만 그것이 생각대로 될 리 없다. 사실 우리 말 배울 때도 수없이 되풀이하면서 배웠지 않은가. 한 번은 학원에서 뭐가 뜻대로 되지 않아 화도 나고 답답해서 뒷머리를 꿍꿍 벽에 찧고 있는데 수녀님이 웃으셨다. 수녀님도 프랑스어권에서 로마에 온 터라 이탈리아어를 배우고 계셨던 것이다.

그해 사순 시기에 초대를 받았다. 수녀님들 몇 분이 로마 근교에 있는 성지에 순례를 가는 데 같이 가지 않겠느냐는 초대였다. 침낭과 먹을 것을 챙겨 천 미터쯤 되는 산 위의 성지까지 걸어가는 순례. 밤중에 성지에 도착하여 큰 암벽 밑에서 잠을 청하던 일이며 새벽같이 일어나 모닥불을 피우고 끓인 홍차에 마른 빵을 먹던 일들이 생각난다. 수녀님들은 무척 가난하게 사시는데 트레폰타네에 있는 수녀원 건물도 대개는 수녀님들 손으로 지으셨다고 한다. 그때 가난한 이들이야말로 마음으로 사람들을 맞아들일 줄 아는 이들이구나, 깨달았다. 또 나의 가난을 받아들이지 못하면 하느님께 가는 것도, 이웃에게 가는 것도 불가능하다는 것을 느꼈다. 자기 가난을 받아들일 때 우리는 다른 사람들 또한 나와 다를 바 없이 가난한 사람임을 알게 된다. 그리고 거기에서 환대가 태어난다.

모든 사람 안에서 예수님을 볼 것... 좀 더 많은 배려를 나 자신보다 손님들에게 베풀 것... 병이 든 때말고는 밀가루 빵에 결코 손대지 말 것. 내가 빼앗을 모든 빵은 결국 예수님에게서 빼앗을 빵인 것이다. 모든 사람 안에서 예수님을 보면서 사랑, 고행, 신앙 때문에 이렇게 하는 것은 나의 의무다... 또한 희망 때문에 이렇게 할 것. 이 희망은 내가 주는 모든 것의 백 배를 내가 은혜와 영광 안에서 받을 것이라고 가르쳐 준다. 그런데 나는 이다지도 받아야 할 필요가 있는 사람이구나.

복자 샤를 드 푸코Charles de Foucauld의 말이다. 예수의 작은 자매회는 샤를 드 푸코의 정신에 따라 사는 수녀회이다. 사람들 안에서 예수님을 보아야 한다는 다짐도 감동적이지만, 자신이 받아야 할 가난한 사람임을 자인하는 대목이 깊은 울림을 준다. 샤를 드 푸코는 1858년 프랑스의 스트라스부르에서 태어나 어릴 적 부모를 여의고 외가에서 자랐다. 청소년기에 신앙을 잃고 방탕한 생활에 빠졌으나 스물여덟 살이 되던 1886년에 회심하여 수도자로서 살아갈 길을 찾기 시작한다. 이후 7년 간 트라피스트회 수도자로 살았으나 새로운 부르심을 느끼고 그곳을 떠난다. 우여곡절 끝에 전에 군인으로 생활하던 알제리로 돌아가, 가난한 원주민들 가운데서 그들의 형제로 살면서 뜻을 같이하는 이들을 모아 수도회를 시작할 꿈을 꾸었으나 1916년 12월 1일 폭도들에 의해 살해되었다.

그는 지인에게 편지를 썼다. "밀알 하나가 땅에 떨어져 죽지 않으면 그대로 남아 있을 뿐이지만 죽으면 많은 열매를 맺습니다. 저는 죽지 않았으므로 아직 열매를 맺지 못했습니다." 그는 형제를 얻지 못하고 홀로 죽었지만 그가 죽은 지 17년만인 1933년 '예수의 작은 형제회'가 창립되었고 1939년에는 '예수의 작은 자매회'가 창립되었다. 나는 2005년 푸코 신부님이 시복될 때 시복 미사에 참여하는 복을 누렸는데 그때 수녀님들에게 그런 말씀을 들었다. 시복이 결정되자 신기하게도 전 세계로부터 푸코 신부님의 영적 자녀로 사는 사람들이 몰려온다고, 있는 줄도 몰랐던 사람들이 참으로 많다고. 주

▲
예수의 작은 자매 상탈 수녀님.

▲
예수의 작은 자매회 총원의 소박한 식탁.

님은 작은 사람을 통해 작은 사람들을 부르신다. "작은 사람아, 작은 사람아!" 당신과 함께 작은 형제, 자매로 살아갈 사람들을 부르신다. 1916년 12월 1일 죽던 날 아침 샤를 드 푸코는 조카인 드 봉디 Marie de Bondy 부인에게 편지를 썼다.

예수님과 일치를 이루고 다른 영혼들에게 선을 베풀기 위해 우리가 할 수 있는 가장 힘 있는 수단은 자신을 온전히 낮추는 일이다.

푸코 신부님을 따르는 제자들이 스스로를 '예수의 작은 형제, 자매'로 여기는 것은 프란치스코의 정신과도 통하는구나 싶다. 한국에서 오신 '예수의 작은 자매' 한 분이 그런 이야기를 들려 주셨다. 세상의 가난한 사람들과 어울려 살면서 자신들은 '수녀님'이라는 호칭보다 '자매'라는 이름으로 불리기를 더 바란다고. 수도자들을 남다르게 보아주는 우리 문화에서 '수사님, 수녀님' 하는 이름들이 존칭처럼 느껴지는 까닭이란다. 프란치스코 성인은 수도회 안에서 아무도 장상이라 부르지 말고 서로를 똑같이 작은 형제라 부르라고 가르치셨다.

작은 형제회는 그 자신이 처음으로 세웠고 따라서 그가 수도회에 이 이름을 붙였다. 사실 회칙에 다음과 같이 기록되어 있다.

"작은 자가 되십시오." 그는 이 말을 듣자 불현듯 "나는 이 수도회가 작은 형제회로 불리기를 원합니다"라고 말하였다. 사실 그들은 모든 이에게 속해 있는 낮은 자들이었고 항상 낮은 자리를 좋아하고 조금이라도 모욕을 당할 수 있는 일에 종사하기를 원하였다(제1생애, 38).

함경도에서는 동생을 '저근이'라고 한단다. 말하자면 '(나보다) 작은 이'라는 뜻이겠다. 이 말을 들은 뒤로 프란치스칸들의 '작은 형제'라는 말을 들을 때면 '저근이'가 생각난다. 웃자고 하는 이야기겠지만 우리나라 어느 프란치스코 공동체에서는 "형제, 참 쪼맨하네"라는 말이 칭찬처럼 쓰인다는 말을 들은 적이 있다. 예수님의 '쪼맨한' 형제로서 사는 것은 푸코 신부님의 말처럼 그리스도인들의 의무다. 쪼맨하지 않으면 쪼맨한 예수님, 쪼맨한 우리 이웃 안에 사시는 그분의 모습이 눈에 들어오지 않을 것이기 때문이다.

점심을 먹고 성당에 가 앉았다. 이곳은 기도하려는 신자들에게 개방되어 있어서 원하는 사람은 수녀님들과 함께 기도할 수 있다. 점심 직후라 졸음이 왔나보다. 누가 깨워서 보니 전례 담당 수녀님. 성체현시를 하려는데 성체성가를 하나 부를 수 있겠느냐고 물으신다. 얼결에 고개를 끄덕이고 우리말로 노래를 부른다. 가톨릭성가 151장. 주여, 임하소서.

주여, 임하소서. 내 영혼에...
당신의 작은 형제인 저를 찾아오소서.

▲
트레폰타네 예수의 작은 자매회 입구.

라베르나

나를 깨뜨려 너를 살리는 것이 십자가의 사랑이다. 리보토르토에서 형제들과 첫 공동체를 이루어 살며 예수 그리스도의 책인 십자가를 늘 펼쳐 읽었던 프란치스코, "오로지 항상 예수님의 십자가를 살았고 십자가의 감미로움을 맛보았으며 십자가의 영광을 설교했던" 프란치스코는 라베르나에서 그렇게 사랑하던 십자가를 닮게 된다. 사람은 사랑하는 것을 닮는 법이다.

사랑을
카피하다

-아레쪼

라베르나로 가려고 9시 39분 기차를 탔다. 길은 좀 복잡하다. 아레쪼Arezzo에 가서 비비에나Bibbena행 기차로 갈아타야 한다. 비비에나에서 라베르나Laverna 산 위까지는 버스로 가는 길이다. 아레쪼는 처음이다. 그것도 차를 갈아타느라 기차역에 잠시 머무는 정도지만. 로마로 오는 비행기에서 본 아바스 키아로스타미Abbas Kiarostami 감독의 영화 무대가 여기 아레쪼였던 것 같다. 주연 배우들도, 이야기도 참 매력적인 영화였다. 영화는 원본과 복제본이라는 이야기로 막을 여는데 원 제목도 '인증 받은 복제품'Copie conforme이다. 원본과 구분할 수 없는 카피본이라 할까. 영화는 이탈리아 중부에서 프랑스 여인(줄리엣 비노쉬)과 영국 작가(윌리엄 쉬멜)가 만나 짧은 여행을 하며 벌어지는 이야기다. 우연히 들른 까페에서 주인이 두 사람을 부부로 오해하자 둘은 아예 부부인 것처럼 역할을 하기 시작한다. 나중에는 이 사람들이 진짜 부부였는지 그냥 부부 역할극을 하는지 헛갈릴 정도. 이렇게 진짜와 모조라는 주제가 절묘하게 변주된다. 한국에서 개봉될 때 이 영화의 제목은 '사랑을 카피하다'였다. 사랑을 카피할 수 있을까? 카피한다면 그것은 본래의 사랑과 어떤 차이가 있을까? 우리는 지금 프란치스코 성인이 예수님의 다섯 상처를 몸에 받은 곳, 라베르나를 향해 가는 참이다.

아레쪼는 프란치스코와 인연이 깊은 곳이다. 이 도시가 라베르나로 가는 길목에 있어 성인은 가끔 여기를 들르셨던 모양. 한번은 여기 왔다가 "밤낮으로 떠드는 소리와 울부짖음을"(페루지아 전기, 81) 듣게 된다. 사람들을 충동하여 이 도시를 파탄시키려는 마귀의 장난임을 직감한 프란치스코는 실베스테르 형제를 불러 명령한다. 성문 앞에 가서 마귀들을 쫓아내라는 것이었다.

> 충성스러운 단순성을 지닌 그 형제는 서둘러 명을 받들어 이행하려 하였다. 이리하여 주님 앞에 송가를 부르며 문 앞에서 크게 소리 질렀다. "전능하신 하느님을 대신하여, 또 우리 사부 프란치스코의 명으로 이르노니, 악마들아! 모두들 여기서 썩 물러가거라!"(제 2생애, 108)

어떻게 되었을까? 오랫동안 두 파로 갈리어 서로 증오하며 싸우던 이 도시에 평화가 돌아왔고 사람들은 화목하게 살게 되었다. 아시시의 프란치스코대성당에는 이 장면을 그린 지오토의 프레스코화가 있다. 그림 속에는 아레쪼의 성문 앞에서 한손으로 수도복 자락을 움켜쥐고 다른 손으로는 도시 위로 손을 펴들고 외치는 실베스테르 형제가 서 있고 그 뒤에는 무릎을 꿇고 기도하고 있는 프란치스코가 있다. 도시의 하늘에는 짐승의 모습을 한 마귀들이 쫓겨 나가며 비명을 지른다. 실베스테르 형제의 모습이 정겹다. 사부의 명을 이행하려고 걸리적거리는 수도복 자락을 움켜잡고 성문 앞까지 서둘러 가는 한 단순한 사람. 그의 마음은 갈림이 없었으므로 마귀들은 도무지 그의 명을 거역할 수가 없었을 것이다. 마귀라는 말 '디아블로diablo'가 실은 '갈리게 한다. 나눈다'는 뜻이라 하지 않는가. 마귀들은 분열시키고 싸움을 벌이지만 하느님은 일치시키고 평화를 가져다주신다.

이 단순한 제자는, 그렇지만 전사前史가 있는 몸이다. 과거 없는 성인 없고 미래 없는 죄인 없다고 하지 않는가. 프란치스코가 회심하여 다미아노 성당을 수리할 돌을 구할 때 실베스테르는 아시시에 살던 사제였는데 성인에게 돌을 팔았던 모양이다. 퀸타발레의 베르나르도가 가진 재산을 가난한 사람들에게 나누어 주는 것을 보고 돈 욕심이 난 실베스테르는 프란치스코에게 가서 지불이 제대로 안 되었으니 돌 값을 더 쳐달라고 억지를 부렸다. 성인은 그의 탐욕을 보고 계산도 하지 않고 잡히는 대로 돈을 쥐어 주었다. 실베스테르는 흡족해서 집에 돌아왔지만 프란치스코의 모습과 제 모습을 곰곰이 생각한 끝에 회심하게 된다. '대체 내가 무슨 짓을 한 것인가!' 하느님과 재물 사이에서 갈리었던 그의 마음이 이렇게 하나로 돌아온 것이다.

"그 사제는 더 지체해서 이익 될 것이 없다 싶어 훌훌 털어버리고 세속을 떠나 하느님의 사람을 따라 완벽한 모방자가 되었다."(제 2생애, 109)

돈에 욕심이 나서 프란치스코를 괴롭히던 사람이 뉘우치고 '하느님의 사람을 따라 완벽한 모방자'가 된다. 그렇게 프란치스코를 모방하여 실베스테르는 성인이 되었다. 기록에 따르면 그는 "놀랄 정도로 단순하며 순수한 사제였고 굳은 믿음으로 보아 하느님의 사람이었고 성인(프란치스코)께서 성인으로 받들던 사람"(페루지아 전기, 81)이었다.

사랑을 바라보며 사랑을 카피하면 언젠가 그 사랑이 '인정하는 또 다른 사랑'Copie conforme이 된다. 프란치스코는 자기 몸에 예수님의 다섯 상처를 받았고 실베스테르는 프란치스코가 인정하는 성인이 되었다.

매일 원본을 바라보면서, 매일 사랑을 카피하면서 나도 이 길을 걸어가야지. 작은 풀이 매일 하늘을 우러르며 자라듯이. 그렇게 종내 제 작은 몸에 하늘을 품게 되듯이.

▲ 아레쪼에서 마귀들을 쫓아내는 성 프란치스코와 실베스테르(지오토의 그림).

▲ 라베르나 성지 입구.

잠들기
싫은 밤

-라베르나(1)

비비에나에 와서 버스를 탔다. 비비에나는 아주 작은 동네인데 버스 기사가 좀 딱딱해 보여서 함께 탄 할머니 수녀님에게 라베르나La verna에 대해 물었다. 초행길에서는 미리 준비해두지 않으면 우왕좌왕 하다가 내릴 곳을 지나치기 십상이다. 혼자도 아니고 이 곳 사정도 모르니 미리 준비를 해 둘 요량이었다. "수녀님, 라베르나 가려면 여기서 내려야 돼요?" 그런데 아무 대답도 안 하신다. 내가 뭘 잘못 했나? 갑자기 위축이 되었다. 그러다 수녀님이 내리시길래 '아, 수녀님이 내리는 곳이면 라베르나겠지' 하고는 따라 내렸다. 그런데 아니라는 거다. 성지까지는 한참 더 가야 한다는데... 난감하다.

알고 보니 수녀님은 좋은 분이셨고 연로하신 분이라 내가 뒤에서 말하는 걸 못 들으셨던 거였다. 라베르나 성지 아래쪽에 있는 수녀원에 사신단다. 하릴없이 뙤약볕 아래 무거운 배낭을 메고 터벅터벅 아스팔트길을 올라간다. 두려움이 많고 내성적인 나, 당황하면 혼자

고민하다 충동적으로 결정하고 행동해버리는 내 모습을 여기서 다시 만난다. 나야 할 수 없지만 나 때문에 땀을 흘리며 고생하는 나무 수사는 어쩐담. 지나가는 차들을 향해 손을 흔들어 보지만 다들 그냥 쌩쌩 지나간다. 히치하이킹은 영화에서나 되는 건가보다. 여행 길에서 제일 먼저 만나게 되는 사람은 누구보다도 먼저 자기 자신일 수밖에 없다. 있는 그대로의 내 모습을 보면 이 길을 얼마나 더 걸어야 편안해질까, 싶기도 하다. 사실 그래서 이 길을 떠나온 거지. 나보다 먼저 이 길을 걸은 이도 출발할 때는 나와 크게 다르지 않았을 테니까. 그리고 이 길의 끝에서 그분을 만났을 테니까. 그분은 평화라고도, 자유라고도, 완성이라고도 부를 수 있는 분이니까.

큰 너도밤나무들이 우뚝우뚝 서 있는 길을 따라 들어가니 성지 입구가 나온다. 라베르나는 1224년, 성 프란치스코가 죽기 2년 전에 오상五傷을 받은 곳이다. 성인이 주님으로부터 회칙을 받았다고 해서 폰테 콜롬보를 프란치스칸들의 시나이라고 부르는 것처럼 이곳을 프란치스칸들의 갈바리아라고 부르기도 하는데 성인이 오상을 받은 것을 예수님의 수난에 비기는 것이다. 성인의 탄생에도 비슷한 전설이 있어서, 어머니 피카 부인이 프란치스코를 낳을 때 난산이었는데 마구간에 가서 낳으라고 해 그렇게 했더니 성인이 태어났다고 한다. 성인과 예수님의 생애가 닮아 있음을 강조하는 이야기들이다. 프란치스코를 '제 2의 그리스도'라 부르는 이들도 있지만 이것은 불경이 아니다. 우리는 모두 그리스도인, 즉 그리스도의 사람이고 최종적으로는 그분을 닮아 그리스도가 되도록 부름 받은 사람들이니까. 갈라티아서에서 바오로사도가 "여러분 안에 그리스도 태어나실 때까지 나는 산고의 고통을 겪고 있습니다"(4,19)라고 말하는 것처럼.

성지는 산 정상 조금 아래 해발 1128미터 높이에 있다. 이곳은 오를란도Orlando백작이 1213년 5월에 성인에게 선물했는데 프란치스코가 이곳에 처음 온 때는 그 이듬해인 1214년이고, 1218년에는 성인의 뜻에 따라 여기에 포르치운쿨라와 같은 크기로 천사들의 성모마리아께 봉헌된 경당이 세워진다. 지금은 수도원을 비롯해서 순례자 숙소, 청년들을 위한 집, 피정집 등이 옹기종기 모여 있다. 오상경당에 들러 함께 기도하고, 사진 찍느라 고생하는 나무 수사님에게도, 여기저기 마음 쓰며 돌아다니는 나에게도 오랜만에 휴가를 주기로 했다. 오상 경당 아래 바위를 파서 만들어진 파도바의 성 안토니오 경당에 가서 오후 내내 머물렀다.

수도원 성당에서 수사님들과 끝기도를 바친 뒤 성당 앞 광장에 나와 바람을 쐬었다. 턱수염이 숀 코네리Sean Connery처럼 멋진 수사님 한 분이 눈인사를 하신다. 안드레아 신부님. 밀라노 출신인 신부님은 올해 서품 오십 주년이 되었단다. 피렌체에서 첫미사를 드리셨고

▲
라베르나 성지 순례자 숙소의 식당.

2000년부터 여기 라베르나에서 살고 계신다고. 신부님께 비하면 저는 막 걸음마를 시작한 셈이네요. 웃으면서 벌써 어둠이 사뭇 내려온 세상을 둘러본다. 컴컴한 밤, 수도원 성당의 회랑에는 우윳빛 전등 불빛이 은성하고 성당 안에서는 '온유하신 동정녀여, 하례하나이다'Salve, dolce Vergine를 부르는 소리가 새어나온다.

    오 온유하신 동정녀,
    오 온유하신 어머니,
    하례하나이다.
    당신 안에 온 땅과
    천사들 무리 기뻐 뛰나니

    주님의 거룩한 성전,
    동정녀들의 영광,
    당신은 하늘나라 정원에 핀
    지극히 부드러운 꽃
    ……

하늘에는 고운 반달, 저 아래 땅은 은은한 달빛에 잠겨 있다. 옆에 있는 청년들 몇이서 알지 못할 노래를 부른다. 프랑스에서 온 이들인가보다. 다섯 사람의 여학생이 프랑스어로 부르는 성가가 참 아름답다. 마치 부석사 무량수전에서 내려다보이는 풍경처럼 아름다운 세상. 시골 외갓집에 온 기분으로 하느님이 주시는 이 기막힌 보너스를 즐긴다. 잠들기 싫은 이 밤, 정지용의 시 한 구절이 떠오른다.

"이유는 저 세상에 있을지도 몰라.
우리는 저마다 눈감기 싫은 밤이 있다."('별 2'에서)

그래요. 이유는 저 세상에 있지요. 하느님이 주신 평화, 성 프란치스코의 평화가 지금 이 땅에 가득 해서 그렇습니다. 감사합니다, 하느님.

▲ 라베르나 성지 광장에서 바라본 성당.

▲ 프란치스코 성인의 기도처.

나를
깨뜨리다

-라 베르나(2)

　순례자 숙소 앞을 거닐다가 휴스턴에서 온 마리아를 만났다. 젊었을 때 미국으로 이민한 그는 남편이 열 살, 네 달 된 아이 둘을 남기고 심장마비로 갑작스레 세상을 떠나는 바람에 32년 동안 아이들을 키우며 혼자 살았단다. 일하고 일하고 또 일하면서 아이들을 돌보는 동안 아이들이 자라면 형편이 나아지리라 생각했지만 아이들과 함께 어려움도 자랐노라고, 우리가 수도자라고 했더니 자신을 위해 기도해 달란다. 자녀인 루카와 줄리아나를 위해, 자신의 회심을 위해 그리고 루카와 줄리아나가 아이들을 먼저 생각할 수 있게 기도해 달라는 부탁이다. 아마도 손자들이 걱정인 게다. 삶의 고통과 근심은 언제나 끝나는 것일까.
　라베르나. 프란치스코가 예수님의 다섯 상처를 받은 곳, 그래서 그런지 성지 곳곳에서 만나는 사람들을 눈여겨보게 된다. 이들은 어떤 고통을 안고 이곳을 찾아 왔을까. 아무렇지도 않게 보이는 저 표정들 너머에 어떤 아픔과 슬픔이 숨어 있을까. 성 프란치스코는 라베르나를 모두 여섯 번 찾았다고 하는데 그가 오상을 받은 것은 1224년 마지막 방문 때의 일이다. 그해 9월 14일 십자가 현양 축일 새벽에 프란치스코는 이렇게 기도한다.

"예수 그리스도 나의 주님, 제가 죽기 전에 두 가지 은총을 주십시오. 첫째, 제가 살아 있는 동안 당신의 가장 괴로웠던 수난의 시간에 받으셨던 그 고통을 할 수 있는 만큼 제 영혼과 육신이 느낄 수 있게 해 주십시오. 둘째, 당신이 저희 죄인들을 위해 그 수난을 기꺼이 견디어 내실 만큼 불타올랐던 그 사랑을 제 마음에 할 수 있는 만큼 많이 느끼게 해 주십시오."

프란치스코는 예수님의 고통과 사랑을 청한다. 사랑하기 때문에 받아들이는 고통, 그 고통의 최고 형태가 십자가라면 십자가는 동시에 가장 큰 사랑이 된다. 다섯 상처는 두 손과 두 발, 그리고 옆구리의 상처다. 우선 꼼짝할 수 없게 두 손발이 십자가에 못 박혀 고정된다. 그리고 죽음을 맞은 십자가 위의 사람은 옆구리로부터 심장을 찔려 피와 물을 쏟는다. 예수께서 옆구리를 찔리는 것은 로마 병사들의 전투 수칙과 관련이 있다고 한다. 군인들이 가슴을 보호하는 흉갑을 차기 때문에 로마 병사들은 전투할 때 상대의 옆구리를 긴 창으로 찔러 심장을 관통하는 방식을 썼다는 것이다. 그러나 무기와는 가장 거리가 멀었던 사람, 벌거벗은 예수에게 이 군인들은 대체 무슨 짓을 한 것인지... 그때 이미 죽은 예수님의 심장 속에는 피와 물이 분리되어 있었기 때문에 그 순간에 물과 피가 쏟아졌던 것이라고. 그렇게 하느님의 죽음은 명백하게 되었다.

오상 경당 정면에는 로비아의 안드레아Andrea della Robbia의 테라코타 작품 '십자가에 못 박히심'이 있다. 테라코타는 흙을 구워 만드는 일종의 도자기다. 흙으로 빚은 형상에 뜨거운 열이 가해져 예술 작품이 되듯 성인은 예수님의 사랑으로 달구어져 주님의 다섯 상처를 육신에 품게 된다. 오상 경당의 바닥, 성인이 오상을 받은 자리에는 "주님, 여기에서 당신의 종 프란치스코에게 우리 구원의 표지를 보여 주셨나이다"라는 글귀가 새겨진 대리석이 놓여 있고 그 위에는 작은 등잔의 불이 꺼지지 않는 영원한 사랑의 표시처럼 타오르고 있다.

사랑에는 사랑으로 응답하는 법이고, 사랑하는 이에게는 가장 소중한 것을 주는 법이다. 그리고 내게 있는 가장 귀한 것은 바로 나다. 복음서에는 예수님께 죄를 용서받은 여인이 주님의 수난을 앞두고 향유를 발라드리는 장면이 나온다. 여인이 귀한 향유가 든 옥합을 가져와 깨뜨리자 방 안에 향기가 가득 찼다고, 그걸 보고 누구는 속으로 구시렁거렸으며 누구는 여인을 꾸짖었다고 적혀 있다. 그러나 우리가 가장 사랑하는 사람에게 갈 때는 자기 자신을 들고 가며 나 자신을 깨뜨려 내 깊은 사랑을 주는 게 아닐까. 나를 깨뜨려 너를

▲
프란치스코가 오상을 받은 자리에 세워진 오상경당.

▲
오상을 받는 프란치스코.

살리는 것이 십자가의 사랑이라는 걸 생각하면 예수님의 십자가를 닮고 싶었던 성인의 마음을 조금은 이해할 것 같기도 하다. 리보토르토에서 형제들과 첫 공동체를 이루었을 때 예수 그리스도의 책인 십자가를 늘 펼쳐 읽었던 프란치스코, "오로지 항상 예수님의 십자가를 살았고 십자가의 감미로움을 맛보았으며 십자가의 영광을 설교했던" 프란치스코는 라베르나에서 그렇게 사랑하던 십자가를 닮게 된다. 사람은 사랑하는 것을 닮는 법이다.

이곳에 묵으면서 친해진 순례자들과 성 보나벤뚜라 경당에서 미사를 드린다. 피렌체에서 온 세르지오Sergio와 안나마리Annamarie 부부, 학교에서 종교 과목 선생님으로 일한다는 바르바라Barbara와 엠마누엘라Emmanuella. 우리말로 읽는 독서를 모두가 유심히 듣고 있다. 생전 처음 접하는 우리말에 귀 기울이면서 마치 눈으로 말씀을 이해하려는 듯이 독서하는 나무 수사의 표정을 응시하는 사람들 모습이 아름답다. 나를 깨뜨려 너를 사랑하는 길에 부름 받은 사람들, 우리는 모두 프란치스코가 걸은 길 위의 순례자들이다.

▲ 성 보나밴뚜라 경당. 순례자들과 미사를 드리고 나서.

▲ 레오 형제에게 성인이 주신 축복문.

고별과 축복

-라베르나를 떠나며

매년 9월 30일, 성 예로니모의 축일 저녁 라베르나 수도원 식당에서 작은 형제들은 성 프란치스코의 고별사를 읽는다고 한다. 1224년 9월 30일 성인이 이곳을 떠나면서 했던 고별인사를 맛세오 형제가 기록해 놓았는데 그것을 읽는 것이다.

"... 사부님께서 우리들, 안젤로 형제, 실베스트로 형제, 일루미나토 형제와 나 맛세오 형제에게, 거룩한 오상을 남겨준 참으로 놀라운 사건이 일어난 이곳을 특별히 마음 써서 돌보도록 명하시고 맡기셨습니다. 그리고 덧붙이셨습니다. '안녕, 안녕, 안녕히, 맛세오 형제!' 그리고 안젤로 형제에게 돌아서서 말씀하셨습니다. '안녕, 안녕, 안녕히, 안젤로 형제!' 실베스트로 형제와 일루미나토 형제에게도 같은 인사를 하고 덧붙이셨습니다. '사랑하는 형제들, 평화 속에 머무십시오. 내 몸은 여러분을 떠나지만 여기 내 마음을 남겨둡니다. 나는 하느님의 양(羊) 형제와 함께 떠나 천사들의 성 마리아 성당으로 갑니다. 나는 더 이상 여기 돌아올 수 없을 것입니다. 나는 떠납니다. 모두들, 안녕, 안녕, 안녕히. 산이여 안녕! 베르나 산이여 안녕! 천사들의 산이여 안녕! 사랑스런 매 형제여 안녕! 내게 시련을 안겨 준 사랑이여 고맙다. 바위 절벽이여 안녕! 나는 너를 다시 볼 수 없으리라. 바위여 안녕! 네 갈라진 틈에 나를 품어 악마를 우스갯거리가 되게 한 바위여 안녕! 우리는 다시 볼 수 없으리라. 천사들의 성 마리아여 안녕. 영원한 말씀의 어머니인 그대에게 여기 있는 나의 아들들을 맡긴다.'

사랑하는 우리 아버지께서 이렇게 말씀하실 때 내 눈에서는 끝없이 눈물이 흘렀습니다. 떠나시면서 그분도 우셨습니다. 그분은 떠나시면서 우리 마음도 가져가셨고 우리는 이렇게 위대하신 아버지를 잃고 고아가 되었습니다…"

나무 수사와 함께 떨어지지 않는 발걸음으로 라베르나를 떠난다. 오상 경당에 들러 인사를 드리고 뒷걸음질 쳐 경당 문을 나선다. 언젠가 로마 근처 성지에 순례 갔을 때 순례자들이 동굴 벽에 그려진 삼위일체 하느님의 모습을 바라보며 뒷걸음으로 동굴을 빠져나오는 것을 보았었다. 하느님의 집을 떠나고 싶지 않은 마음이 이런 것이겠지. 끔찍한 고통 이후 오상을 몸에 받고 라베르나를 떠나던 프란치스코의 마음은 어떤 것이었을까. 프란치스코를 해치려는 악마에 맞서 절벽의 바위도 그를 품어 지켰던 곳. 아침 여명이 밝을 때면 높은 소리로 울어 기도 시간을 알리던 매도 프란치스코가 아플 때는 숨을 죽였던 곳. 평생을 함께하던 형제들이 남아 있는 곳, 그곳을 이제 떠나려 한다. 가까이 다가온 죽음을 예감하는 그는 다시 이곳에 돌아올 수 없음을 알고 있다. 프란치스코는 자기 마음을 여기 남겨 둔다고 했지만 그 제자들은 성인이 자기네 마음마저 가져가 버렸다고 말한다. 그것은 사랑의 이야기이고 고통의 이야기이며 대대로 마음에 새겨 전하는 형제들의 이야기이다.

성 보나벤뚜라 경당에 들러 아폴리네르 수사님의 축복을 받고 성지를 나섰다. 수사님은 아주 고요한 표정을 지닌 분인데 콩고 출신이란다. 기도를 해 주신 다음 '레오 형제에게 주신 성 프란치스코의 강복문'을 빌어 우리를 축복해 주셨다.

"여러분의 순례가 하느님의 뜻 안에서 이루어지기를.
하느님께서 이 길 동안 여러분을 보호해 주시어
순례를 마치고 무사히 집으로 돌아갈 수 있게 해 주시기를.
아멘."

누구에게나 순정이 있다. 그 순정을 다 바치는 것, 거기에 우리 사랑이 있다. 스스로는 자신이 어떻게 여겨질지 몰라도 우리 자신을 온전히 드릴 때, 내 순정을 온전히 바칠 때, 그때 사랑은 완성된다. 그것이 우리가 받은 사랑이고 그것이 우리가 바칠 사랑이다. 그밖에 또 무엇이 있겠는가. 라베르나는 평생에 걸친 프란치스코의 사랑이 그 얼굴을 찾은 곳이고 그의 순정이 완성된 곳이다. 하느님의 집을 재건하라는 소명이 여기서 최종적으로 이루어진다. 육신에 예수님의 다섯 상처를 받음으로써 그 자신 예수님의 집이 되었으므로 실질적으로 여기서 프란치스코의 삶은 완성되었던 게 아닐까. 이다음부터는 그것이 무엇이든 모두가 덤이 아니었을까, 아시시의 이 거룩한 가난뱅이에게는.

▲ 기도하고 있는 프란치스코.

다시 아시시

내가 없어진다는 것은 모든 곳에 있게 되는 것, 하느님 안에 들어가서 모든 이 안에 있게 되는 것이다. 사랑이 그의 삶이 되는 것이다. 이것이 아시시의 거룩한 빈자, 산토 포베렐로가 보여준 삶이고, 그 삶의 결과가 아시시 서쪽 언덕에 장대하게 선 대성당이 아닐까. 하느님 속으로 사라져서 큰 하느님의 집으로 드러나게 된 작은 사람의 생이 아닐까.

▲ 천사들의 성모 마리아 성당 안에 있는 포르치운쿨라.

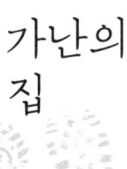

가난의 집

-포르치운쿨라

1224년 9월 라베르나에서 오상을 받은 프란치스코는 포르치운쿨라Portiuncula로 돌아온다. 포르치운쿨라는 '작은 몫'이라는 뜻. 여기에는 본래 성모님께 봉헌된 성당이 있었는데 성인의 시대에는 버려져 폐허로 남아 있었다. "가서 무너져가는 나의 집을 다시 세워라"라는 소명을 받고 프란치스코가 이곳을 수리한 것이 1206년이었고 리보토르토에 머물다가 형제들과 함께 이곳으로 옮겨온 것이 1210년이었다. 그가 포르치운쿨라를 두고 형제들에게 한 말이다.

"내 아들들이여, 이곳을 절대 버리지 말도록 하십시오. 여러분이 한쪽 문으로 밀려나거든 다른 쪽 문으로 다시 들어오십시오. 이곳은 참으로 거룩한 곳이기 때문입니다. 그리스도와 그분의 어머니께서 거처하시는 곳입니다. 우리 형제들이 몇 사람밖에 없을 때 하느님께서 우리 수를 늘려 주신 곳도 이곳이고, 당신 지혜로 불쌍한 사람들의 영혼을 비추어 주신 곳도 이곳이며 당신 사랑의 불꽃으로 우리 소망을 불태워 주신 곳도 이곳입니다. 마음을 다해 여기에서 기도하는 사람은 누구나 바라는 것을 얻게 될 것입니다…"(완덕의 거울, 83)

장대한 천사들의 성 마리아 대성당 안으로 들어서면 아주 작은 포르치운쿨라 경당이 눈에 들어온다. 폭이 4미터, 길이가 7미터에 불과한 건물. 안팎의 벽들이 프레스코화로 덮여 있어 매우 아름답다. 이 작고 아름다운 건물을 단순하면서도 장대한 대성당이 품고 있다. 마치 사람의 몸속에 들어있는 심장 같다. 이 성당이 품고 돌보고 있는 것은 프란치스코의 정신을 상징하는 포르치운쿨라 경당. 여기에 오는 수많은 순례자들은 대성당이 아니라 이 작은 경당을 보러 오는 것이다.

작은 몫을 차지하는 사람은 작은 사람이다. 무슨 일이 있어도 포르치운쿨라를 떠나지 말라는 말은 자신이 세상을 버리고 얻은 그 작은 몫, 가난을 잘 간직하라는 뜻으로 읽힌다. 다른 무엇을 얻더라도 그것을 잃으면 끝이라는 간절한 성인의 마음이 담겨 있다. 거대한 천사들의 성모 마리아 성당이 조그만 포르치운쿨라 경당을 품고 있는 것처럼 여기서 핵심은 이 작은 몫, 가난이다. 어떤 면에서 이 대성당과 작은 경당의 모습은 성모님이 잉태하고 있는 예수님을 연상시킨다. 예수님을 꼭 붙들고 있으면 무엇이든 가능하지만 세상 것에 마음이 팔려 그분을 놓치면 그때는 어디로 가는지 모르게 된다는 것, 이것은 프란치스코만이 아니라 모든 성인의 비밀이 아닐까. 돈 보스코 성인의 어머니 맘마 마르가리따Mamma Margarita가 서품을 받게 된 아들에게 남긴 부탁의 말이 있는데, 신기하게도 그 말씀이 포르치운쿨라를 두고 프란치스코 성인이 남긴 말씀과 통하는 것 같다.

"나는 원래 가난하게 태어났고 가난하게 살았으며 가난하게 죽고 싶다. 아니 네게 지금 말하겠다. 네가 신부가 되어, 불행하게도 부자 신부가 된다면, 이 어머니는 네 집에 아예 발도 들여놓지 않을 테다. 잘 명심하거라."

아드님이 없는 곳, 가난한 예수님이 없는 곳에 어머니도 안 계실 거라는 이야기다. '그리스도와 그분의 어머니께서 거처하시는 이곳을 절대 버리지 말도록 하십시오.' 프란치스코의 권고에서 포르치운쿨라, 가난이라는 심장을 잃어버리면 천사들의 성모마리아 대성당도 버티지 못할 것이라는 경고를 읽는다.

대성당의 오른편에 난 문을 따라 나가면 장미경당이 있다. 어느 밤, 자신이 선택한 길에 대한 의혹과 육적인 유혹에 빠진 성인이 덤불에 몸을 던져 뒹굴었는데 그 덤불이 나중에 가시 없는 장미로 변해 있었다는 이야기를 그림으로 표현해 놓았다. 현재 활동 중인 이탈리아의 화가 쥬스티나 데 토니Giustina de Toni의 그림이다. 성인이 사시던 당시에는 벌판이었던 곳에 지금은 장미 경당이 세워져 있고 경당 밖으로는 가시 없는 장미들이 보인다. 덤불 속에 뒹구는 성인의 눈이 너무 슬퍼 한참 그 앞에 머물러 있었다. 덤불 속에서 뒹구는 성인 앞에는 두 천사가 마찬가지 슬픈 눈으로 성인을 응시하고 있고 그 반대편에는 붉은 몸뚱이의 악마가 팔로 제 눈을 가리고 있다. 참된 것을 위한 몸부림은 그것을 위해 버려야 할 것들이 있음을 일깨운다. 그러나 눈앞에서 우리를 유혹하는 것들, 그것들을 향한 욕심을 버리는 일이 어찌 쉬운 길이겠는가! 21세기 우리 눈을 홀리는 모든 것들 앞에서 참된 것을 찾아 몸부림치는 사람들은 어쩌면 저 프란치스코의 모습과도 닮았을지 모른다.

13세기에는 상인들, 사제들, 군인들이 있었다. 20세기에는 상인들만 있을 뿐이다. 사제들이 교회에 있는 것처럼 그들은 자기네 가게에 있다. 군인들이 요새에 있는 것처럼 그들은 자기네 공장에 있다. 이미지의 힘 덕분에 상인들은 세상에 퍼진다. 우리는 그 이미지들을 벽 위에서, 극장의 스크린에서, 신문에서 본다. 이미지는 그들이 피워 올리는 향 연기이고 이미지는 그들의 칼이다. 13세기는 사람들 마음에 대고 이야기했다. 자신을 알리려고 큰 소리로 말할 필요는 없었다. 중세의 노래 소리는 기껏 눈(雪) 위에 쌓이는 눈보다 조금 더 큰 소리를 냈다. 이십 세기는

▲ 천사들의 성마리아 대성당 정면.

▲ 장미 덤불에 몸을 던진 프란치스코.

눈(眼)을 향해 이야기한다... 이십 세기는 팔기 위해서 말하며 그렇기 때문에 눈을 속여야 한다. 눈을 속이면서 동시에 눈을 멀게 하는 것이다...

프랑스의 작가 크리스티앙 보뱅Christian Bobin은 그의 아름다운 작품 '아시시의 프란체스코'(Le Très-Bas)에서 프란치스코의 시대에 비겨 우리 시대를 이렇게 이야기한다. 보는 것은 욕심이다. 이곳을 순례하면서도 늘 느끼는 거지만 사람들은 멋있는 경치나 근사한 사물들을 보면 우선 카메라를 꺼내든다. 사진으로 찍으면 그것을 가지게 된다고 믿는 것이다. 프란치스코의 시대보다 훨씬 너 돈이 주인 노릇을 하는 세상에서 우리가 늘 듣는 말은 이 자동차를 사면 훌륭한 사람이 되고 이 아파트에 살면 행복해질 수 있다는 말이다. 멋진 자동차와 근사한 아파트의 이미지들이 우리 눈앞에 전시된다. 눈을 속이면서 동시에 눈을 멀게 하는 이 말들, 그 말들에 혹해서 우리는 지갑을 열고 또 그만큼 지갑을 채워 넣기 위해 기꺼이 돈의 노예가 된다. 요한이 '눈의 욕정'이라 불렀던 것이 이것이었으니 덤불 속에 뒹구는 성인의 눈이 이렇게 슬퍼 보이는 데는 이유가 있다.

"세상도 그 안에 있는 것도 사랑하지 마시오. 누구든지 세상을 사랑하면 아버지의 사랑이 없습니다. 무릇 세상 안에 있는 모든 것, 육의 욕정과 눈의 욕정과 살림 자랑은 아버지에게서가 아니

라 세상에서 옵니다."(1요한, 2,15-16)

포르치운쿨라 경당 오른편에는 벽에 기대어 있는 작은 경당이 하나 있다. 성인이 지상에서 아버지께로 건너간 곳을 그렇게 기념하고 있다. 좁은 경당 벽에는 그와 함께 삶을 나누었던 형제들이 그려져 있고 한쪽 구석에 "여기에서 프란치스코가 세상을 떠났다"라는 팻말이 놓여 있다.

세상을 떠날 때가 되자 성인은 제자들에게 자신을 알몸으로 땅바닥에 눕혀 달라고 한다. "나는 내가 할 일을 마쳤습니다. 그리스도께서 여러분이 할 일을 가르쳐 주시기를 빕니다." 형제들이 흐느끼는 가운데 원장 형제가 순명으로 옷을 입을 것을 명한다. 원장은 그 옷을 임시로 빌려 준 것이므로 소유권이 프란치스코에게 없음을 밝힌다. 가난한 작은 형제에게 어울리는 마지막이었다. 그는 주님처럼 알몸으로 세상을 떠나고 싶었으나 그 뜻을 이루지 못하고 알몸을 가리게 된 것이다. 자신의 뜻을 포기하는 가난으로 성인은 지상의 마지막 모습을 덮었다.

개구리가 올챙잇적 기억 못 한다고들 한다. 그러나 올챙이도 내가 아니며 개구리도 내가 아니다. 나는 온전한 나를 찾아가고 있는 참이다. 성 프란치스코도 그런 여행을 떠났던 것이 아닐까. 그는 마흔다섯의 나이로 그 목적지에 도달했고 그 목적지는 예수 그리스도였다. 예수께서 자신을 '사람의 아들'이라 부르셨던 것은 그가 참으로 사람으로 사는 길을 걸어가셨기 때문이고 우리가 그분을 하느님의 아들이라 부르는 것은 그러한 참사람의 길이 하느님의 길로 이어진 다고 믿기 때문이다. 프란치스코 성인이 하느님 아드님의 작은 형제로서 그 길의 끝에 이른 곳은 아시시의 포르치운쿨라 맨 바닥이었고 때는 1226년 10월 3일 밤이었다.

▲
프란치스코 성인이 하느님 아버지께 돌아간 자리.

▲
리보토르토에서 바라본 성 프란치스코대성당과 아시시.

프란치스코의 영광

-성프란치스코 대성당

　45년간의 지상 순례를 마치고 포르치운쿨라에서 세상을 떠난 프란치스코의 유해는 아시시로 돌아온다. 유해는 우선 산 다미아노에 들러 클라라와 자매들에게 작별을 고하고 성 지오르지오 성당에 안치되는데 이곳은 성인이 어렸을 때 교육을 받았던 곳이며 첫 번째 설교를 한 곳이기도 하다. 현재 성녀 클라라대성당이 있는 자리가 본래 성 지오르지오성당 자리였는데 이 성당 앞 광장에서 1228년 7월 16일 프란치스코의 시성식이 있었다. 같은 해 7월 17일, 그러니까 시성식 다음날 그레고리오 9세 교황은 아시시 서쪽 언덕, '지옥의 언덕'Collis inferus이라 불리던 곳에 성 프란치스코 대성당의 주춧돌을 놓고 그곳을 '천국의 언덕'Collis paradisi이라 이름 짓는다. 성 밖의 참수터였던 탓에 '지옥의 언덕'이라 불리던 곳이 성 프란치스코의 유해를 모실 대성당 자리가 되면서 '천국의 언덕'이 된 것이다.

　성 프란치스코대성당은 상부와 하부로 나뉘는데 아래쪽 대성당에 들어가면 프란치스코 성인의 무덤으로 내려가는 통로가 있어 거기 머무르며 기도할 수 있다. 성인의 무덤에 머물다가 눈에 익은 수도복을 보았다. 아씨시의 프란치스코 전교 수녀회 수도복을 입은 분이어서 혹시나 하고 신학교 다닐 때 알게 된 한국 수녀님 이야기를 했더니 그 수녀님이 아시시에 계시단다. 공부하러 로마에 간다는 말을 들은 적이 있는데 마침 방학이라 아시시 모원에 머무시는 모양이다. 오랜만에 해외에서 만나는 수녀님은 이 주일이 넘는 순례 끝에 후줄그레해진 우리를 반가이 맞아주셨다. 수녀원은 아시시 시내에 순례자들을 위한 숙소를 운영하고 있었다. 미리 알았으면 여기 묵었어도 좋았을 걸 그랬다. 때가 되어 순례자 숙소에서 저녁 대접을 받았다. 별 모양의 파스타로 끓인 미네스트라, 우유와 과일, 빵 등 늘 길에서 햄 몇 조각과 잼 바른 빵으로 끼니를 때우던 순례자들에게는 성찬이다. 십자가가 새겨져 있는 빵은 여기가 아시시라는 것을 상기시켜 준다. 한번은 클라라 성녀가 교황과 식사를 하게 되었는데 교황께서 성녀에게 축복 기도를 부탁하셨던 모양이다. 성녀는 교황께서 하셔야 한다고 거절했지만 결국 자신의 뜻을 접고 축복 기도를 드렸다. 그랬더니 식탁 위의 빵에 십자가가 새겨졌다는 것이다. 순명의 열매인 기적이라고 할까.

옆 식탁에 있는 아이들, 베로니카Veronica와 엘레오노라Eleonora와 친해졌다. 이 아이들은 베네벤토에서 온 자매들이다. 여름휴가를 아시시에 와서 지내게 되었다고. 귀여운 꼬마들을 보니 서울에 사는 조카 녀석들이 그립다. 이 녀석들 또래인 우리 조카들은 내가 찾아가면 현관까지 달려 나와 큰 아빠를 반겨준다. "누구든지 어린 아이와 같이 되지 않으면 하늘나라에 들어갈 수 없다"는 말씀을 프란치스코 성인도 무척 좋아하셨다고 한다. 어린아이와 같은 삶을 산다는 것, 영적 어린이로 산다는 것은 무엇일까. 생떽쥐베리가 '어린 왕자'를 시작하면서 말하듯이 우리는 모두 한때 어린이였다. 항상 그 모습 그대로였을 것 같은 어른들, 식탁에 앉아 있는 어머니도, TV 앞의 아버지도, 공원 어귀를 돌아 나오는 팔십 노인도 한때는 어린이였다. 어린 시절을 잊어버리면서 우리는 아버지도 함께 잊어버리는 것이 아닐까. 언제 어디서나 나를 돌보시고 지켜 주시는 아버지를 잊으면서 우리는 내가 걱정하고 내가 계획하고 내가 일하려고 한다. "수고하며 짐진 여러분은 모두 나에게로 오십시오. 내가 여러분을 쉬게 하겠습니다." 예수님의 이 초대는, 그러므로 아드님이신 당신이 우리를 당신 아버지께로 인도하시겠다는 말씀이다. 지금 내 삶이 힘들다면 걱정과 근심에 사로잡혀 마음이 쫓긴다면 우리는 아버지 없이 살고 있다는 뜻인지도 모른다. 아버지 없는 고아로 매사에 종종걸음을 치며 걱정 속에 뛰어다니고 있는 것인지도 모른다.

성 프란치스코의 유해는 대성당이 아직 축성되기 전인 1230년 5월 25일, 사람들 손이 닿지 않는 주제대 밑에 안치되었으나 15세기

▲
순례자 숙소에서 만난 엘레오노라.

▲
성 프란치스코의 무덤.

이후 무덤 자리가 잊힌다. 그때부터 19세기 초 다시 발굴되기까지 그의 무덤은 비밀에 싸여 있었다고 한다. 스스로를 '작은 형제'라고 여겼던 프란치스코의 무덤이 망각되었다는 사실이 재미있다. 작아지고 작아져서 이윽고 보이지 않게 된 작은 사람, 프란치스코를 연상시키기 때문이다. 내가 없어진다는 것은 모든 곳에 있게 된다는 뜻, 하느님 안에 들어가서 모든 이 안에 있게 된다는 뜻이다. 사랑이 그의 삶이 된다는 뜻이다. 이것이 아시시의 거룩한 빈자, 산토 포베렐로가 보여준 삶이고, 그 삶의 결과가 아시시 서쪽 언덕에 장대하게 선 성 프란치스코대성당이 아닐까. 하느님 속으로 사라져서 큰 하느님의 집으로 드러나게 된 작은 사람의 생이 아닐까.

에필로그

복되어라, 가난한 사람들!

 복음서를 들고 산상수훈 대목을 편다. 참된 행복 이야기가 나온다. 산 위에 자리 잡으신 예수님은 사람들을 보시고 입을 열어 가르치신다. 그 첫 마디는 이렇다. "마음이 가난한 사람은 행복하다, 하늘나라가 그들의 것이다."(마태 5,3) 왜 주님은 이 말씀으로 가르침을 시작하셨을까. 자비에 대한 말씀이나 정의에 목마르고 굶주린 사람들에 대한 이야기로 시작하실 수도 있었을 텐데.
 어쩌면 예수님의 이 가르침은 가난한 사람들에 대한 주님의 감사였을지도 모른다. 세상에 오실 때 예수님은 벌거벗은 아기셨다. 돌보아 주지 않으면 잠시도 생명을 보존할 수 없는 연약하고 가난한 존재셨다. 그 가난한 예수님을 역시 가난한 이들이 맞아 주었다. 성모님은 나자렛의 가난한 처녀였고 요셉도 별스러울 것 없는 그 마을의 목수였으니까. 그리고 베들레헴의 마구간 구유에 누운 아기 예수님을 찾아와 준 이들은 근처 들판에서 밤을 새우며 양들을 돌보던 가난한 목자들이었다. 그 가난한 이들에게 하느님은 감사하고 싶으셨던 게 아닐까.

"마음이 가난한 사람은 행복하다. 하늘나라가 그들의 것이기 때문이다."

마음이 가난한 사람은 마음속에 내가 없는 사람이다. 내가 있으면 나를 주장하고, 마음에 안 드는 너를 밀쳐내고 싶겠지만 마음이 가난한 사람은 내가 없으므로 누구도 그 마음 안에 들어와 머물 수 있다. 누구나 그의 마음에 든다. 그의 마음은 하느님 나라다, 원하는 이는 누구나 들어갈 수 있다. 그러므로 "하느님 나라가 그의 것이다"라는 말은 "그가 하느님 나라다"라고 바꿀 수 있다.

> 하느님의 종 프란치스코는 몸집이 작고 마음은 겸손하였으며 수도서원에서 작은 형제였고 이 세상에 사는 동안 자신과 자신을 따르는 자들을 위하여 작은 몫을 차지하였으니 세상에서 가진 것 없이는 그리스도께 봉사할 수 없기 때문이다. 이 세상에서 아무것도 소유하지 않으려고 하는 사람들의 몫으로 떨어진 땅이 예로부터 포르치운쿨라로 불리었으니 이는 하느님의 예언적 섭리라 아니할 수 없다(제2생애, 18).

토마스 첼라노는 가난을 프란치스코가 차지한 작은 몫이라고 말한다. 13세기에 프란치스코가 그랬던 것처럼, 우리가 사는 21세기에 무너져 가는 하느님의 집을 재건할 사람은 어디에 있는가. 프란치스코의 작은 몫을 기쁘게 이어받을 사람들은 어디에 있는가.

찾아보기

노마디(Nomadi) : 1963년 드러머 베페 카를레티Beppe Carletti와 가수 아우구스토 다올리오Augusto Daolio에 의해 결성된 이탈리아의 록 그룹. 2015년까지 22명의 멤버들이 교체되며 현재까지 이르고 있다. 현재까지 68개의 앨범을 발표했다. 어느 여자 친구를 위한 노래(Canzone per un'amica), 나, 방랑자(Io vagabondo) 등이 유명하다.

도로시 데이(Dorothy Day, 1897-1980) : 미국의 저널리스트이자 사회운동가. 1927년 가톨릭으로 개종하였으며 1933년 피터 모린Peter Maurin과 함께 가톨릭 노동자 운동Catholic Worker Movement을 조직하였고 비폭력과 환대를 주창하였다. 그가 뉴욕의 빈민가에서 문을 연 '환대의 집'은 오늘날 세계 각국 100여개의 공동체로 성장하였다. 2000년 이래 가경자로서 시복 심사가 진행되고 있다.

돗자리총회 : 초창기 작은 형제회의 총회는 주로 성령강림절에 개최되었기 때문에 성령강림 총회라 부르기도 한다. 분명한 증거가 있는 총회는 1217년의 것이 최초이지만 1216년에 첫 총회가 있었을 것으로 본다. 작은 형제회는 총회를 통해 중요한 결정을 하면서 변화하는 상황에 대처하였는데 모든 형제가 참여하는 총회로서 마지막 열린 것이 1221년의 총회인데 역사가들은 이를 '돗자리총회'라고 부른다. 지아노의 지오르다노Giordano da Giano 형제는 이 총회에 대해 이렇게 기록하고 있다. "참여한 형제들의 수효로 보나 총회 거행의 장엄함으로 보나 이와 같은 총회를 나는 우리 수도회에서 다시 보지 못 하였다. 형제들의 수가 참으로 많았지만 주위 사람들이 가져다 준 것이 너무 많아 이레 뒤에는 문을 닫고 더 이상 아무 것도 받지 않을 정도였다. 형제들은 이미 받은 것들을 다 먹기 위하여 이틀을 더 머물러 있었다."

돗자리 총회 이야기는 '잔꽃송이'에도 전해지는데, 역사가들은 이 이야기 안에 여러 총회의 모습이 섞여 있을 것으로 본다.

마리아의 전교자 프란치스코 수녀회, FMM : 1877년 1월 6일 인도의 우타카문드에서 마리 드 라 파시옹(Marie de la Passion, 1839-1904)에 의해 창립된 수녀회. 프란치스코 수도 3회에 속한다. "보십시오. 저는 주님의 여종입니다. 말씀하신 대로 제게 이루어지기 바랍니다."(루카 1,38)라는 마리아의 자세와, 복음을 살아간 아시시의 프란치스코의 정신에 따라 단순하고 소박한 삶을 추구하며 복음이 전파되지 않은 지역의 사람들, 그 가운데서도 가장 가난한 이들을 먼저 찾아가 봉사한다. 1958년 한국에 진출하였다.

뱀바어 bemba : 콩고와 잠비아에서 사용되는 언어. chibemba, wemba 등으로도 불린다.

성 보나벤뚜라(Bonaventura da Bagnoregio, 1217/1221?-1274) : 추기경, 철학자이자 신학자이며 중세의 중요한 사상가이다. 1257년부터 17년 동안 작은 형제회의 총봉사자로 일했으며 여러 분야에서 큰 업적을 남겼다. 프란치스코의 중요한 전기 가운데 하나로 여겨지는 대전기(Legenda Maior)를 썼고 '하느님께 가는 영혼의 여정' 등의 저술을 남겼다. 1482년 교황 식스토 4세에 의해 시성되었고 1588년 교황 식스토 5세는 그를 교회학자로 선포하였다.

'세 동료의 전기'(Legenda trium sociorum) : 프란치스코의 초기 동료들인 안젤로, 레오, 루피노가 기록한 것이라고 한다. 프란치스코의 세속 생활과 회심, 초기의 형제 열한 사람이 공동체에 들어오는 과정, 수도회 규칙의 승인, 프란치스코의 죽음과 시성 등을 담고 있다. 프란치스코의 생애를 기록하고 있는 비공식적인(교황이나 수도회의 공식적인 결정에 의해 기록되지 않았다는 의미에서) 전기 중 가장 중요하게 여겨지는 작품이다.

아씨시의 프란치스코 전교 수녀회, SFMA : 프란치스코 제3회의 쇄신과 세상 안에서의 성화를 목적으로 1703년 1월 2일 마르케셀리(Giuseppe Antonio Marcheselli, 1676-1742) 신부와 안젤라 마리아 델 질리오(Angela Maria del Giglio, 1658-1736)에 의해 창립된 수녀회. 하느님 사랑과 이웃 사랑을 조화시키는 활동 수도회의 생활 양식을 택하여 아시시에서 젊은 여성들을 교육하고 가난한 이들을 위해 활동하였다. 1902년 전교수도회로 전환하면서 해외 진출을 시작하였고 1980년 한국에 진출하였다.

지오토(Giotto di Bondone, 1267?-1337) : 이탈리아의 화가이자 건축가. 지오토라는 이름은 암브로지오Ambrogio나 안졸로Angiolo에서 온 것으로 추정된다. 그의 어린 시절에 대한 기록은 찾을 수 없으며 화가 치마부에Cimabue의 제자로 알려져 있다. 전설에 따르면 제자였던 지오토가 스승의 작업대 위에 모기를 그렸는데 스승이 살아 있는 줄로 알고 손바닥으로 쳤다고 한다. 아시시의 성 프란치스코대성당에 있는 28점의 성 프란치스코의 생애, 파도바의 스크로베니Scrovegni 경당에 있는 프레스코화 연작들은 서양회화사에서 획기적인 작품으로 평가된다.

콘벤뚜알 프란치스코회, OFM conv. : 프란치스코 수도가족은 크게 1회, 2회, 3회로 나뉘는데 1회는 남자 수도회로 프란치스코회(OFM), 꼰벤뚜알 작은 형제회, 카푸친 프란치스코회(OFM cap.)를 가리키며 2회는 여자 수도회로 글라라회(OSC)를 말한다. 3회는 재속 프란치스코회(OFS)를 가리키는데 프란치스코의 사도직 수도회도 여기에 속한다. 또 생활 봉헌회인 정규 3회(TOS)가 있다.
콘벤뚜알(conventualis)이라는 명칭은 '공동' '집합'이라는 라틴어에 뿌리를 둔 말로

'함께 모여 사는 것'을 뜻한다. 꼰벤뚜알 작은 형제회는 원시 회칙을 준수해야 한다고 주장하는 엄격주의파(OFMObs., 오늘날의 프란치스코회)와 달리 교회의 필요나 시대의 요청에 응답하는 생활 양식을 택함으로써 자연스럽게 도시나 사회 속에서 일하며 공동재산을 인정한다. 카푸친회는 1528년 엄격한 가난을 살아가는 관상수도회로서 엄격주의파에서 독립하여 현재에 이른다. 꼰벤뚜알 프란치스코회의 회원으로 특히 유명한 이는 아우슈비츠의 성자 막시밀리아노 콜베 신부이다. 현재 꼰벤뚜알 프란치스코회 회원들은 세계 50여 나라에서 4,500명의 회원들이 활동하고 있으며 한국에는 1958년 진출하였다.

토마스 첼라노(Thomas de Celano, 1200?-1265) : 아브루조 지방의 첼라노 태생. 성 프란치스코의 첫 전기작가. 1215년 경 성 프란치스코에 의해 직접 작은 형제로 받아들여졌다. 1221년 게르마니아 지방에 파견되었으며 후에 이탈리아로 돌아와 프란치스코의 죽음과 그의 시성을 지켜보았다. 프란치스코의 시성식 때 교황 그레고리오 9세의 명에 따라 성 프란치스코의 생애를 기록하였는데 이를 통상 '제 1생애'라고 부른다. 1224년 총봉사자 크레쉔티우스의 청을 받고 '제 2생애'를 저술하였으며 1250년 무렵 '복되신 프란치스코의 기적 모음집'(Tractatus de Miraculis B. Francisci)를 저술하였다. 이를 '제 3생애'라 부르기도 한다. 교황 알렉산더 4세의 명으로 성녀 클라라의 전기도 썼다.

파도바의 성 안토니오(Antonio da Padova, 1195-1231) : 포르투갈 리스본의 귀족 가문에서 태어나 15세 때 아우구스티노 참사 수도회에 입회하였다. 1220년 모로코에서 순교한 작은 형제회 순교자들의 유해를 보고 순교자가 되겠다는 열정에 사로잡혔으며 같은 해에 작은형제회로 옮겼다. 설교가로 명성이 높았으며 잃어버린 물건을 찾아주는 수호성인으로 알려져 있다. 1232년 교황 그레고리오 9세에 의해 시성되었고 1946년 교회 학자, 복음적 박사로 선포되었다.

프란치스코의 길(La Via di Francesco) : 유럽의 주요한 순례 길로는 세 가지를 꼽는다. 성지 순례하면 바로 떠오르는 예루살렘까지 가는 순례 여정, 그리고 근래 우리에게도 낯설지 않게 된 스페인의 산티아고 델 콤포스텔라가 있다. 또 로마의 사도 베드로 무덤까지 가는 여정도 있다. '프란치스코의 길'은 이들처럼 유서 깊은 순례 여정은 아니지만 아시시의 성자 프란치스코의 말씀과 행적을 간직하고 있는 장소들을 잇는 길로서 크게 북쪽 길과 남쪽 길로 나뉜다. 북쪽 길은 라 베르나 성지에서 출발하여 아시시까지 총 194 Km를 걷는 여정이고 남쪽 길은 그레치오에서 아시시까지 170여 Km를 걷게 된다. 이것은 도보를 기준으로 삼은 것이다. 자전거 여행 길도 있으며, 피조물을 찬미하는 성인의 모습을 형상화한 로고가 여정을 안내한다.

성 프란치스코 연보

1181년	프란치스코, 아시시에서 태어나 요한이라는 이름으로 세례를 받다. 그때 여행 중이던 그의 아버지가 돌아와 아들의 이름을 프란치스코로 바꾸다.
1193 (또는 1194년)	아시시에서 클라라 오프레두쵸 태어나다.
1198(봄)	아시시 주민들 황제 권력의 표지인 요새(Rocca)를 함락하고 파괴하다.
1199-1200년	아시시의 시민 전쟁. 그 결과로 아시시는 자치도시(코무네)가 된다.
1202(11월)	페루지아와 아시시 간의 전쟁. 산 조반니 다리 전투에서 프란치스코는 포로가 되어 페루지아로 압송된다.
1203년	병든 프란치스코, 풀려나 아시시로 돌아오다.
1204년	와병.
1205(봄)	프란치스코, 교황의 호소에 응해 십자군에 합류하기로 결정하다. 기사의 의장을 갖추고 떠나지만 스폴레토에서 환시를 보고 아시시로 귀환하다.
1205년	산 다미아노에서 십자가의 목소리를 듣다. "프란치스코야, 허물어져 가는 나의 집을 다시 세워라." 폴리뇨에 가서 옷감을 판 돈을 산 다미아노의 사제에게 주지만 사제는 거부한다. 아버지와 대립하기 시작하다.

1206(봄)	주교 앞에서 모든 것을 버리고 옷까지 벗어버린 후 굽비오를 향해 출발하다.
1206(여름)	프란치스코, 아시시로 돌아와 은수자의 옷을 입고 산 다미아노 성당을 보수하기 시작하다.
1206(여름)-1208(2월)	산 다미아노, 성 베드로에게 봉헌된 경당, 포르치운쿨라 경당을 보수하다.
1208 (2월 24일)	포르치운쿨라에서 성 마티아 축일의 복음을 듣고 복음적 가난이라는 소명을 깨닫다. 의복을 고쳐 튜닉 한 벌과 새 끼줄로 된 허리띠를 두르다. 설교하기 시작하다.
1208 (4월 16일)	퀸타발레의 베르나르도와 피에트로 카타니, 프란치스코에게 합류하다.
1208 (4월 23일)	에지디오 합류하다.
1208(봄)	프란치스코와 에지디오, 안코나의 마르카로 순회 설교를 떠나다.
1208(여름)	필립보를 비롯한 두 사람의 동료 합류.
1208(말)	일곱 형제가 포지오 부스토네로 떠남. 리에티 계곡을 지나면서 새로운 형제를 얻다. 여덟 형제가 둘씩 파견되다.
1209(초)	여덟 형제가 포르치운쿨라로 귀환. 네 사람의 새로운 형제가 합류.
1209(봄)	프란치스코, 짧은 규칙을 작성. 열한 명의 동료와 함께 로마로 출발하다. 교황 인노첸시오 3세, 그들의 삶의 양식을 승인. 돌아오는 길에 오르테 근처에 잠시 머물렀다가 아시시로 돌아와 리보토르토에 거처를 정함.

1209(9월)	황제 오토 4세, 스폴레토 계곡을 거쳐가면서 리보토르토 근처를 지나감.
1209년 또는 1210년	리보토르토에서 쫓겨나, 이후 공동체의 요람이 될 포르치운쿨라에 자리를 잡다.
1211(여름?)	프란치스코, 시리아로 선교를 떠날 계획을 세웠으나 폭풍우 때문에 단념함.
1212 (3월 18-19)	프란치스코, 성지주일 밤에 포르치운쿨라에서 클라라에게 수도복을 줌. 가난한 여인들의 수도회 설립. 몇 주 후 클라라와 초기 동료들 산 다미아노로 이주.
1213(5월 8일)	끼우시의 오를란도 백작, 은수처를 짓도록 베르나 산을 프란치스코에게 증여.
1215(11월)	프란치스코, 로마에서 제 4차 라테라노공의회에 참석. 이 때 성 도미니코를 만났을 것으로 추정됨.
1216 (7월 16일)	교황 인노첸시오 3세 페루지아에서 서거. 이틀 후 교황 호노리오 3세 선출. 프란치스코는 이 때 프랑스인 주교 비트리의 야고보를 만났을 것으로 보인다.
1216(여름)	프란치스코, 페루지아에서 포르치운쿨라 축성일을 위한 전대사를 얻음.
1217(5월 5일)	포르치운쿨라 총회. 수도회 관구의 조직 및 알프스 너머와 바다 건너 선교를 행할 계획이 정해짐. 프란치스코는 프랑스로 가기를 원했으나 우골리노 추기경이 피렌체에서 그를 만나 이탈리아에 남도록 설득함.
1219(6월 말)	프란치스코, 다미에타로 가기 위해 앙코나에서 배를 타다.
1219(가을)	프란치스코, 술탄을 만나다. 전승에 따르면 얼마 후 프란치스코는 성지 순례길에 오른다.

1220 (봄과 여름)	그의 부재 중에 생긴 수도회의 어려움에 대해 들은 프란치스코, 피에트로 카타니, 엘리아, 스피라의 체사리오와 함께 이탈리아로 귀환. 총봉사자 직무를 피에트로 카타니에게 넘김. 프란치스코의 요청을 받아들여 교황이 우골리노 추기경을 형제회의 보호자로 임명.
1221 (3월 10일)	피에트로 카타니, 세상을 떠남. 엘리아가 대리인으로 임명됨.
1221 (5월 30일)	돗자리 총회. 인증 받지 않은 규칙 초안 작성.
1223년	년 초에 폰테 콜롬보에서 규칙 초고를 구술하고 인증함. 이는 6월 총회에서 논의된 후 11월 29일 교황 호노리오 3세에 의해 승인된다.
1223 (12월 24-25일)	그레치오에서 성탄을 지냄.
1224 (8월 15일- 9월 29일)	프란치스코, 성 미카엘의 사순기를 지내기 위해 라 베르나 산에 감. 9월 14일 또는 15일에 오상을 받음.
1224 (10월과 11월 초)	보르고 산 세폴크로, 몬테 카살레, 치타 디 카스텔로를 거쳐 포르치운쿨라로 돌아옴.
1224-1225 (12월부터 2월)	프란치스코, 나귀를 타고 움브리아와 마르카 지방으로 순회 설교를 떠남.
1225 (3월부터 5월)	눈병이 점점 심해져서 거의 장님이 된 몸으로 산 다미아노에 머묾. 엘리아 형제의 강권에 따라 치료를 받았으나 호전되지 않음. 크나큰 고통 속에서 하느님으로부터 영원한 구원을 보증 받고 피조물의 찬가를 지음.

1225(6월)	프란치스코, 피조물의 찬가에 한 구절을 추가. 아시시의 주교와 시장 사이의 대립을 화해로 이끔. 우골리노 추기경의 편지를 받고 산 다미아노를 떠나 리에티 계곡으로 떠남.
1225(7월 초)	리에티에서 우골리노 추기경과 교황청의 환대를 받음. 추기경의 명에 따라 치료를 받기 위해 폰테 콜롬보에 가려고 했으나 엘리아 형제의 부재 때문에 미루어짐.
1225(7월-8월)	폰테 콜롬보에서 의사가 프란치스코의 관자놀이를 달군 인두로 지지는 치료를 했으나 별무성과.
1225(9월)	리에티 근처의 산 파비아노에 감. 그곳에서 새로운 의사가 귀에 뜸을 뜨는 치료를 시도. 프란치스코를 만나 보러 온 이들이 산 파비아노의 가난한 사제의 포도밭에서 포도를 따 먹었으나 프란치스코의 기도로 사제는 평소보다 더 풍성한 수확을 얻음.
1226(4월)	새로운 치료를 받기 위해 시에나로 감.
1226 (5월 또는 6월)	코르토나의 첼레 은둔소에 멈추어 유언을 구술한 다음 포르치운쿨라로 떠남.
1226(7월-8월)	여름 중 가장 더운 시기에 노체라 근처 산 위 바냐라를 지남.
1226 (8월 말 또는 9월 초)	병세가 점점 악화되어가자 형제들이 사트리아노를 거쳐 그를 아시시로 데려감. 아시시의 주교관에 머묾.
1226(9월)	죽음이 다가옴을 느끼고 포르치운쿨라로 옮겨달라고 요청.
1226 (10월 3일 토요일)	프란치스코, 포르치운쿨라에서 세상을 떠나다. 다음날인 10월 4일 주일, 산 지오르지오 성당에 묻힘.
1227(3월 19일)	프란치스코의 친구인 우골리노 추기경, 교황으로 선출됨. 그레고리오 9세라는 이름을 택함.

1228(7월 16일)	프란치스코, 아시시에서 그레고리오 9세에 의해 시성됨.
1230(5월 25일)	프란치스코의 유해가 산 지오르지오 성당에서, 신축된 성 프란치스코대성당으로 이장됨.
1253(8월 9일)	성녀 클라라의 회칙 승인.
1253(8월 11일)	성녀 클라라, 세상을 떠남.
1255	성녀 클라라 시성.

프란치스코의 길(la via di Francesco) 순례 안내

남쪽 길(la via del sud)

'프란치스코의 길'을 직접 걷고 싶은 분들은 '북쪽 길'이나 '남쪽 길' 가운데 하나를 택하여 순례할 수 있다. 남쪽 길은 그레치오에서 시작한다. 로마의 다 빈치 공항에서 전철 FR1을 타고 사비나Sabina의 파라Fara역에 내리면 그곳에서 리에티까지 가는 노선버스Cotral이 있다. 남쪽 길은 모두 열 개의 여정으로 이루어진 도보 순례길이다. 자전거로 순례할 수도 있다.

1. 그레치오에서 리에티까지(23.8km)
2. 리에티에서 포지오 부스토네까지(18.4km)
3. 포지오 부스토네에서 피에디루코Piediluco까지(22km)
4. 피에디루코에서 아로네Arrone까지(13km)
5. 아로네에서 체셀리Ceselli까지(15km)
6. 체셀리에서 스폴레토까지(17km)
7. 스폴레토에서 포레타Poreta까지(14.5km)
8. 포레타에서 트레비Trevi까지(12km)
9. 트레비에서 폴리뇨Foligno까지(13km)
10. 폴리뇨에서 아시시까지(20km)

• 남쪽 길은 모두 열 개의 여정이지만 처음 네 여정을 축소해서 모두 여덟 여정으로 순례하는 길도 있다.

1. 그레치오에서 테르니까지(23km)
2. 테르니에서 아로네까지(14.3km)

북쪽 길(la via del nord)

북쪽 길은 라 베르나에서 시작된다. 기차를 타고 아레쪼에 도착해서 비비에나 행 기차를 탄다. 비비에나에서 내리면 바로 역 앞에 끼우시 델라 베르나Chiusi della Verna까지 가는 버스 정류장이 있다. 피렌체에서 출발할 수도 있는데 이 때는 피렌체에서 바로 비비에나까지 가는 버스를 이용할 수 있다. 북쪽 길은 모두 여덟 여정으로 이루어져 있다.

1. 라 베르나에서 피에베 산토 스테파노Pieve Santo Stefano까지(15km)
2. 피에베 산토 스테파노에서 산세폴크로Sansepolcro까지(36km)
3. 산세폴크로에서 치테르나Citerna까지(13km)
4. 치테르나에서 치타 디 카스텔로Città di Castello까지(20.5km)
5. 치타 디 카스텔로에서 피에트라룽가Pietralunga까지(31km)
6. 피에트라룽가에서 굽비오까지(26.2km)
7. 굽비오에서 발파브리카Valfabbrica까지(35.4km)
8. 발파브리카에서 아시시까지(14.5km)

• 북쪽 길은 페루지아를 경유해서 아홉 여정으로 걷기도 한다.

8. 발파브리카에서 페루지아까지(27km)
9. 페루지아에서 아시시까지(25.2km)

다른 순례지들처럼 프란치스코의 길도 순례자 증명서와 순례 마친 뒤 확인을 받는 체계가 갖추어져 있다. 순례증명서는 www.umbriafrancescoways.eu나 www.viadifrancesco.it에 접속하여 양식을 내려 받은 다음 내용을 기입해서 아시시나 페루지아의 순례자 사무실에 요청하면 된다. 순례 확인은 아시시에서 받게 되는데 최소한 마지막 75km를 걸었다는 조건을 채워야 한다(자전거 순례의 경우 마지막 150km를 주파했다는 조건). 산티아고 순례 길과 로마의 사도 베드로 무덤 순례 길의 경우 도보는 100km, 자전거는 200km를 채워야 한다. 날짜와 확인 도장은 아시시에서 자신의 순례자 증명서에 받게 된다. 아시시에서 순례 확인을 해주는 곳은 세 곳이다. 성 프란치스코대성당 및 수도원(문 여는 시간: 08시에서 19시까지), 포르치운쿨라의 천사들의 성 마리아 대성당(문 여는 시간: 평일과 토요일/0930-1230, 1500-2000. 주일과 축일/0930-1230, 1530-1900), 아시시 교구청(문 여는 시간: 월요일에서 금요일 0900-1200).

• 순례자는 성지에 걸맞은 단정한 옷차림을 하도록 하며 반바지를 착용하지 않도록 주의한다.

함께 읽으면 좋은 책들

- 아씨시 성 프란치스꼬의 생애, 토마스 첼라노 지음, 프란치스꼬회 한국관구 옮김, 분도출판사 2000.

- 보나벤뚜라에 의한 성 프란치스꼬 대전기, 성 보나벤뚜라 지음, 꼰벤뚜알 성 프란치스코회 옮김, 분도출판사 1986.

- 성 프란치스코 전기 모음, 작은형제회 한국관구 엮음, 프란치스코출판사 2012.

- 성 프란치스코의 잔꽃송이, 프란치스코 한국관구 옮김, 분도출판사 2001.

- 아씨시의 성 프란치스코, 요한네스 요르겐센, 조원영 옮김, 프란치스코출판사 2006.

- 성 프란치스코의 생애, 헤르만 헤세, 이재성 옮김, 프란치스코출판사 2014.

- 아시시의 프란체스코, 크리스티앙 보뱅, 이창실 옮김, 마음산책 2008.

- 성 프란치스코의 여행과 꿈, 머레이 보도, 홍윤숙 옮김, 성바오로 2013.

- 성 프란치스코의 발자취를 찾아서 −프란치스칸 성지 안내, 기경호 지음, 프란치스코출판사 2000.

작은 사람아, 작은 사람아
– 두 수도자가 걸은 프란치스코 순례길

초판 발행일 2015. 10. 1
1판 3쇄 2023. 1. 17

글쓴이 황인수
사진 김선명
펴낸이 서영주
총편집 한기철
편집 황인수, 손옥희 **디자인** 김서영
제작 김안순 **마케팅** 서영주 **인쇄** 세진디피에스

펴낸곳 성바오로
출판등록 7-93호 1992.10. 6
주소 서울특별시 강북구 오현로7길 20(미아동)
취급처 성바오로보급소 **전화** 944-8300, 986-1361
팩스 986-1365 **통신판매** 945-2972
E-mail bookclub@paolo.net
www.paolo.kr
www.facebook.com/stpaulskr

값 18,000원
ISBN 978-89-8015-869-0
교회인가 서울대교구 2015. 9. 15 **SSP** 1020

ⓒ 황인수, 2015

이 도서의 국립중앙도서관 출판예정도서목록(CIP)은 서지정보유통지원시스템 홈페이지(http://seoji.nl.go.kr)와 국가자료공동목록시스템(http://www.nl.go.kr/kolisnet)에서 이용하실 수 있습니다. (CIP제어번호 : CIP2015025541)

> 이 책은 저작권법의 보호를 받으므로 무단전재와 무단복제를 금합니다.
> 이 책 내용의 전부 또는 일부를 재사용하려면 반드시 저작권자와 성바오로출판사의 동의를 얻어야 합니다.